교과서가 쉬워지는 배경지식 읽기

공부머리 교과서 인문학

4·5·6 학년용

장선화 지음

contents

여는 글 | 어떻게 하면 학교 공부를 재미있게 할 수 있을까? ...06

인문 통합 추천도서 ...08

1교시 인문통합
❶ 더불어, 함께 살아요

거짓말에도 색깔이 있다 ...11
3학년 / 도덕 나와 너, 우리 함께

인류의 역사는 교통의 역사다 ...16
3-2 / 사회 교통과 통신 수단의 변화

인류는 언제부터 모여 살았을까 ...24
4-2 / 사회 촌락과 도시의 생활모습

약이 되는 방사선, 독이 되는 방사능 물질 ...31
5-2 / 사회 환경과 조화를 이루는 국토

구텐베르크의 인쇄술, 세상을 바꾸다 ...36
6-1 / 사회 우리사회의 과제와 문화의 발전

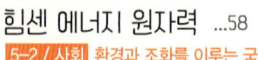
❷ 경제가 답이다

인류를 가난에서 구한 산업혁명 ...41
4-1 / 사회 사회 변화와 우리 생활

나는 오늘도 경제적인 하루를 산다 ...49
4-2 / 사회 경제생활과 바람직한 태도

시장에서 경제를 배워요 ...53
4-2 / 사회 똑똑한 소비자

힘센 에너지 원자력 ...58
5-2 / 사회 환경과 조화를 이루는 국토

재생 에너지, 인류의 미래를 부탁해! ...63
5-2 / 사회 지속 가능한 미래

기본소득은 나의 권리 ...70
6-1 / 사회 변화하는 세계 속 우리

❸ 세계를 내 품 안에

사이버 세계에도 있을 건 다 있다 ...77
5학년 / 도덕 밝고 건전한 사이버 생활

통일을 앞당겨야 하는 10가지 이유 ...82
6학년 / 도덕 우리가 꿈꾸는 통일 한국

이층 버스에 숨어있는 비밀 ...92
5학년 / 도덕 인권을 존중하며 함께 사는 우리

지구의 시간이 품은 보물, 세계유산 ...96
6-2 / 사회 세계 여러 지역의 자연과 문화

아시아가 뜬다 ...100
6학년 / 도덕 함께 살아가는 지구촌

깐시의 나라 중국, 칼의 나라 일본 ...106
6-2 / 사회 이웃나라의 환경과 생활 모습

가상 인터뷰 | 책의 시대를 연 주인공 구텐베르크 ...114

2교시 수학 과학

❶ 몸과 마음은 하나다

수학 과학 추천도서 ...118

미생물과 친하면 속이 편하다! ...121
5-1 / 과학 다양한 생물과 우리 생활

박테리아와 바이러스가 함께 살아가는 세상 ...127
5-1 / 과학 다양한 생물과 우리 생활

나는 오늘도 자라고 있어요 ...132
5-2 / 과학 우리 몸

마음은 심장에 있을까, 뇌에 있을까? ...138
5-2 / 과학 우리 몸

❷ 인류가 함께 살아갈 지구

물체는 물질로 이루어져 있다 ...143
3-2 / 과학 물질의 상태

플라스틱이 바꿔 놓은 세상 ...147
4-1 / 과학 혼합물의 분리

지구는 몇 살인가요? ...152
5-1 / 과학 태양계와 별

뜨거워지는 지구, 이대로 괜찮을까 ...157
5-2 / 과학 날씨와 우리 생활

천문학, 인간에게 미래를 선물하다 ...163
6-2 / 과학 계절의 변화

❸ 숫자로 이루어진 세상

유럽으로 건너간 십진법 ...169
3-1 / 수학 덧셈과 뺄셈

'만물의 근원은 숫자'라고 피타고라스가 말했습니다 ...174
4-1 / 수학 각도와 삼각형

암호를 만드는 사람과 암호를 푸는 사람 ...180
5-1 / 수학 약수와 배수

0과 1로 이루어진 디지털 세계 ...187
6-2 / 수학 여러 가지 문제

가상 인터뷰 | 우주는 상상하는 사람의 것, 칼 세이건 ...192

❶ 우리말을 잘 해야 영어도 잘 한다

언어 영역 추천도서 ...196

주문하신 햄버거 나오셨습니다 ...199
`3-1 / 국어` 높임말을 바르게 사용해요

단어가 모여 문장이 된다 ...204
`4-1 / 국어` 사전은 내 친구

문장 만들기와 블록 조립의 공통점 ...210
`5-1 / 국어` 글쓰기의 과정

말이 되어야지! 논리를 찾아서 ...219
`6-1 / 국어` 주장과 근거를 판단해요

❷ 가성비 높은 자기 표현법, 글쓰기

무엇을 읽고 어떻게 쓸 것인가 ...229
`4-2 / 국어` 독서 감상문을 써요

아무리 긴 글이라도 한 문장으로 바꿀 수 있다! ...239
`5-1 / 국어` 글을 요약해요

육하원칙으로 핵심 문장 정리하기 ...243
`5-1 / 국어` 글쓰기의 과정

내 마음을 전합니다 ...247
`6-1 / 국어` 마음을 나누는 글을 써요

이 연사 이렇게 외칩니다 ...253
`6-2 / 국어` 효과적인 관용표현

❸ 읽기는 공부의 기본

집중력을 키우는 데 독서만큼 좋은 게 없다 ...263
`6-1 / 국어` 책을 읽고 생각을 넓혀요

독서는 뇌를 활성화시키는 최고의 비법 ...268
`6-1 / 국어` 내용을 추론해요

속독은 독이다 ...273
`6-2 / 국어` 생각과 논리

가상 인터뷰 | 백성을 가르치는 바른 소리를 만들다, 세종대왕 ...276

여는 글

어떻게 하면 학교 공부를 재미있게 할 수 있을까?

왜 밤에는 달이 뜨고 낮에는 해가 뜰까요? 내 몸은 무엇으로 이루어져 있을까요? 피곤하면 졸린 이유가 무엇일까요?

이런 뚱딴지 같은 질문을 한다고 야단맞은 적 있나요? 아주 어릴 땐 질문을 하면 어른들의 귀여움을 독차지했어요. 하지만 이젠 "책을 찾아봐" "선생님께 물어봐"라는 답이 돌아오는 경우가 많지요. 궁금증을 풀지 못한 채 고학년이 되어 학교 공부를 하다 보면 자칫 흥미를 잃어버리게 됩니다. 생긴 모습이 저마다 다른 만큼 궁금한 주제도 참 많이 다르거든요.

예전에는 학교를 졸업하면 공부는 뒷전으로 미루는 경우가 많았습니다. 하지만 요즈음은 공부를 평생 해야 한답니다. 우리가 살고 있는 사회가 아주 빨리 변하고 있기 때문이지요. 게다가 이과 문과의 경계도 사라지고 있어서 이제는 다양한 분야의 지식을 습득해야 합니다. 이왕 해야 하는 공부라면 재미있게 할 수 있으면 좋겠지요. 만약 그 과정에서 내가 좋아하는 공부거리를 찾는다면 이보다 더 행복한 일은 없답니다.

이 책은 '어떻게 하면 학교 공부를 재미있게 할 수 있을까'라는 관심에서 쓰게 되었습니다. 초등학교에서 배운 학습 주제는 중고등학교에서 더욱 넓고 깊게 배우게 됩니다. 지금 정확하게 개념을 이해할 수 있다면, 공부할 거리가 더 늘어나

Prologue

도 큰 문제가 되지 않아요.

고민 끝에, 교과서에 실린 공부거리 중에서 몇 가지 주제를 골라 인문학적인 관점에서 설명해 보자고 생각했어요. 인문학이란 인간에 대해 공부하는 학문입니다. 나무에 나이테가 있듯이, 인간이 살아온 역사에도 무늬가 있습니다. 철학·문학·역사 등 대표적인 인문학에는 인류가 살아온 흔적, 즉 무늬가 새겨져 있습니다. 과학, 경제, 사회 등 모든 영역에 무늬가 있답니다.

이 책은 [1교시 인문 통합], [2교시 수학 과학], [3교시 언어 영역]으로 나누어져 있습니다. 인문 통합에는 사회, 도덕, 윤리, 실과 등에 실린 주제 중 일부를 선정하였습니다. 수학과 과학은 초등학교 고학년 교과 과정에 수록된 목차를 참고하였습니다. 언어 영역에는 읽기·말하기·쓰기 등 올바른 언어활동에 필요한 지식을 담으려고 노력했습니다. 아울러 세종대왕, 요하네스 구텐베르크, 칼 세이건 등 역사 속 인물을 초청해 가상 인터뷰도 해 보았습니다.

이제 막 공부를 시작하는 여러분이 세상의 모든 현상을 흥미롭게 바라볼 수 있는 관점을 찾는 데 이 책이 조금이나마 도움이 되었으면 좋겠습니다.

참! 아쉽게도 여러분의 교과서 내용 전부를 담지는 못했답니다. 그렇지만 여러분이 이 책 속에서 공부의 재미를 발견하게 된다면, 또는 관련된 책이나 선생님의 도움을 받아 더 깊이 공부할 수 있는 계기가 된다면, 저는 더할 나위 없이 기쁠 듯 합니다.

2020년 7월
여러분을 생각하며 장선화가 드림

♥인문 통합 추천도서

학년	제목	출판사	키워드
4학년	괴짜 할아버지의 선물 삼강행실도	그린북	삼강행실도, 세대, 존중, 예의범절, 효도
4학년	가난한 아이들의 선생님 – 로렌초 밀라니 신부님 이야기	지양사	교육, 사랑, 빈곤, 이해
4학년	작은 친절, 이유 없는 선행	아름다운사람들	선행, 친절, 행동, 존중
4학년	고양이 폼폼의 일기장	써네스트	고양이, 다양성
4학년	이유가 있어서 상을 받았습니다	꿈터	동물, 수상자, 챔피언, 재능
4학년	크리에이터를 꿈꾸는 어린이를 위한 유튜브 탐구생활	풀빛	크리에이터, 유튜브
4학년	어린이 토론학교 – 사람과 사회	우리학교	정보화, 사이버, 토론
4학년	놀면서 배우는 한국 축제	봄볕	축제, 페스티벌, 한국
4학년	민주주의가 뭐예요?	비룡소	민주주의, 정치, 지방자치, 시민
4학년	남자답게? 여자답게? 그냥 나답게 할래요!	팜파스	남자, 여자, 양성평등, 젠더, 자아존중
5학년	마음이 보여?	너머학교	마음, 상처, 이해
5학년	난 피구왕이 될 거야!	알라딘북스	긍정, 도전, 운동, 장점
5학년	블랙리스트	스푼북	사춘기, 또래, 친구, 갈등
5학년	우리들끼리 해결하면 안 될까요	내일을여는책	다툼, 화해, 학교 폭력, 싸움, 이해
5학년	노란 버스야, 안녕	가문비	존중, 이해, 인권, 어린이
5학년	선생님, 헌법이 뭐예요?	철수와영희	헌법, 법률, 공정, 대한민국, 3·1 운동
5학년	투명한 아이	나무생각	존중, 이해, 장애, 인권
5학년	행복을 파는 행운시장	내일을여는책	행복, 자본주의, 물질, 우정, 나눔
5학년	모래 언덕의 길	머스트비	난민, 평화, 가족, 모험
5학년	넬슨 만델라 선생님과 수상한 클럽	주니어김영사	남아프리카공화국, 흑인, 인권
6학년	선생님, 노동이 뭐예요?	철수와영희	노동자, 노동법, 일, 노동
6학년	나 좀 살려 줘! 환경과 쓰레기	지학사 아르볼	환경, 자연, 쓰레기
6학년	바다를 병들게 하는 플라스틱	생각하는책상	환경, 플라스틱, 바다, 오염
6학년	전기가 나오는 축구공	와이즈만북스	적정기술, 개발도상국, 지원
6학년	내 이름은 판문점	밝은미래	통일, 판문점, 한반도, 대한민국
6학년	모두의 집이 된 경복궁	개암나무	경복궁, 한국사, 조선 시대
6학년	왜관으로 간 아이들	가문비	임진왜란, 도자기, 도공
6학년	내가 하고 싶은 일, 변호사	휴먼어린이	법률가, 직업, 변호사, 민주주의
6학년	장준하 아저씨네 사진관	주니어김영사	민주주의, 독립운동, 대한민국, 장준하
6학년	어린이 토론학교 – 돈과 경제	우리학교	돈, 경제, 토론

♦ 국립 어린이청소년도서관의 사서 추천도서 목록과 경기도 학교도서관 사서협의회의 〈2019학년도 초등 교과서 수업 연계도서〉를 바탕으로 재구성하였습니다.

인문
통합

더불어, 함께 살아요

경제가 답이다

세계를 내 품 안에

1 더불어 함께 살아요

거짓말에도 색깔이 있다

새빨간 거짓말, 새하얀 거짓말, 새까만 거짓말…,
거짓말에도 색깔이 있다? 이 중 어떤 거짓말이 더 나쁠까?
결론부터 말하자면, 거짓말은 색깔과 상관없이 모두 해서는
안 됩니다! 거짓말 자체도 나쁘지만, 거짓말을 하는 사람은
믿을 수가 없기 때문이지요.

3학년 / 도덕 / 나와 너, 우리 함께

어느 마을에 양치기 목동이 살았어요. 하루는 심심풀이로 마을을 향해 "늑대가 나타났다"며 고함을 치자, 마을 어른들이 깜짝 놀라 농기구와 몽둥이 등을 들고 뛰어왔어요. 사람들은 곧 목동이 거짓말을 한 사실을 알고 돌아갔지요. 목동은 온 마을 사람들이 놀란 표정으로 뛰어오는 모습이 재미있어서 다시 "늑대가 나타났다"고 거짓으로 고함을 치자 순진한 마을 사람들은 또 다시 하던 일을 멈추고 뛰어왔어요. 그렇게 목동의 거짓말은 연거푸 계속되었고 온 마을 사람들은 하루 종일 소년의 거짓 고함소리로 소

란스러웠지요. 며칠 후 한가로이 풀을 뜯는 양떼 사이로 진짜 늑대가 나타났어요. 목동이 소스라치게 놀라 "늑대가 나타났다"며 목청껏 외쳤지만 아무도 뛰어오지 않았어요. 결국 양들은 늑대에게 잡아먹히고 말았어요.

한 번쯤은 들어본 이야기지요. 《이솝 우화》에 나오는 〈늑대와 양치기 소년〉의 줄거리입니다. 매일매일 같은 일이 반복되어 때로는 지겹고 심심했던 목동이 아무 생각 없이 툭 내뱉은 거짓말 탓에 키우던 양을 모두 잃게 되었어요. 이것보다 더 중요한 사실은 더 이상 목동이 하는 말을 아무도 믿지 않게 되었다는 것입니다.

누구나 거짓말을 해 본 적이 있을 거예요. 스마트폰으로 게임을 하고 있을 때 엄마가 "숙제 다 했니?"라고 물으면 게임을 더 하고 싶은 마음에 "응 다했어!"라고 거짓말하기 쉽죠.

게임 한 번만 하고 다시 숙제를 시작하면 된다고 생각했겠지요. 그런데 이런 작은 거짓말 한 마디가 엄마와 나 사이에 쌓인 믿음을 깎아내립니다. "엄마인데 뭐 어때!"라고 대수롭지 않게 생각할 수 있지만, 거짓말은 하면 할수록 커지거든요.

거짓말은 자신에 대한 믿음을 스스로 부숴버리고, 자주 하게 되면 나쁜 습관이 되어버립니다. 작은 거짓말은 하면 할수록 익숙해지고 상대방이 속아 넘어가는 모습을 보면서 "아! 이 정도 거짓말은 해도 괜찮겠구나. 재미있네"라고 생각하게 되죠. 거짓말은 그렇게 습관이 되어버립니다. 엄마

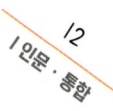

에게 습관처럼 하던 거짓말이 친구 혹은 선생님에게까지 대상이 넓어지게 됩니다. 웃는 얼굴로 거짓말 하는 자신의 모습에 상대방이 속아 넘어간다고 혼자 믿게 됩니다.

하지만 상대방은 다 알아요. 누가 거짓말을 하는지 말입니다. 거짓말을 했다는 사실을 알게 되면 믿을만한 사람이 아니라고 생각하게 되지요. 따라서 중요한 일을 해야 할 때 거짓말 하는 사람은 함께 해서는 안 될 사람으로 판단하게 됩니다. 거짓말을 자주 하는 사람에게 어떻게 중요한 일을 맡길 수 있겠어요.

어떤 거짓말도 정직을 이길 수 없어요

거짓말에도 색깔이 있다고 말합니다. 상대방을 속여 이득을 얻거나, 상대방을 망가뜨릴 목적으로 계획을 세워 거짓말을 할 때, 범죄를 목적으로 거짓말을 할 때, 이런 거짓말을 '새까만 거짓말'이라고 합니다. 자신의 이득을 위해 악랄한 수법도 마다않고 하는 거짓말이니 정말로 나쁜 거짓말이지요. 절대 해서는 안 되는 거짓말이랍니다.

한편 남을 속일 목적이 아니라 거짓말을 하여 상대방에게 도움이 될 수도 있을 때 하는 말을 '새하얀 거짓말'이라 합니다. 예를 들면, 불치병이 걸린 사람에게 병에 걸린 사실을 정확하게 말해주지 않고 가짜 약을 주면서 곧 나을 것이라며 거짓말을 했는데, 그 환자는 의사가 처방해 준 약을 열심히 먹고 병이 낫게 되었다면 의사는 새하얀 거짓말을 한 것이랍니다. 약

플라시보 효과

환자의 병을 치료하는 데 도움이 되지 않는 가짜 약으로 아픈 증상이 나아지는 심리적 효과를 말한다. 라틴어로 '마음에 들다'라는 뜻이 있다. 전쟁과 같이 치료법이나 약이 부족한 상황에서 요긴하게 쓰인다.

의 효능과 상관없이 회복되기를 희망하는 환자의 믿음이 진짜 병이 나을 수 있도록 도와준 것이지요. 이렇게 가짜 약을 먹고 낫는 것을 플라시보 효과라고 합니다.

이처럼, 상대방에게 도움이 될 수 있을 것이라고 생각하고 새하얀 거짓말을 하는 경우도 있습니다. 그렇다면 새하얀 거짓말은 해도 될까요. 결론부터 말하자면, 어떤 거짓말이든 '하지 않는 것이 좋다' 입니다. 내가 생각할 때에는 상대방에게 도움이 될 것이라고 판단하고 거짓말을 했지만, 상대방에게 도움이 안 되고 자신은 거짓말을 하는 사람이 되어버린다면 어떻게 될까요.

"당신은 더 이상 고칠 수 있는 치료법이 없어요. 그래서 곧 죽습니다." 라고 말했다면 환자는 그 말을 듣고 자신의 삶을 포기하고 일찍 죽게 되었을까요. 그건 모를 일입니다.

아는 일에 대해서는 정확하게 안다고 말하고, 모르는 일에 대해서는 모른다고 말하는 자세가 올바른 행동이자 마음가짐입니다.

세상에서 벌어지는 일에 대해 자신이 섣부르게 판단해서는 안 됩니다. 거짓말은 나와 상대방의 믿음에 금이 가게 합니다. 입장 바꿔서 생각을 해 볼까요. 거짓말을 자주 하

는 친구라면 고민이 있을 때 그 친구에게 털어놓는다거나, 중요한 일에 대해 의견을 묻고 싶을까요. 곰곰이 생각해 보면 그 답은 나옵니다.

상대방이 나를 믿게 하고 싶다면 정직한 사람이라는 믿음을 주어야 합니다. 사람은 홀로 살아갈 수가 없습니다. 좋은 친구와 이웃이 많은 사람이 세상을 즐겁게 살아갈 수 있습니다. 그렇다면 거짓말로 얼룩진 자신의 모습으로는 좋은 친구와 이웃을 사귈 수가 없겠지요. 정직은 우리가 살아가면서 지켜야 할 소중한 가치입니다.

인류의 역사는 교통의 역사다

지금으로부터 2500여 년 전 그리스와 페르시아가
전쟁을 하고 있었어요. 대제국 페르시아는 주변 국가들을 위협하던
강대국이었지요. 그때만 해도 여러 개의 도시국가로 이루어진 그리스는
상대적으로 약한 나라였습니다. 그런데, 그리스의 도시국가 중
하나였던 아테네와 스파르타가 동맹을 맺고 강적 페르시아군을
물리치는 기적이 벌어졌습니다!

3-2 / 사회 / 교통과 통신 수단의 변화

아테네가 첫 승리를 이룬 곳은 마라톤 평원이었습니다. 전쟁에서 이긴 소식을 전하기 위해 페이디피데스라는 병사가 달리기 시작했습니다. 마라톤 평원에서 아테네까지의 거리는 약 40여㎞. 페이디피데스의 달리기는 올림픽 경기 주 종목인 마라톤의 기원이 되었습니다. 그의 달리기는 운동 종목의 기원 외에 또 다른 큰 의미가 있습니다. 최대한 빠른 시간에 먼 거리를 이동했던 그의 달리기는 '교통의 원조'로도 불립니다.

교통을 현대적 의미로 해석해볼까요. 자동차, 기차, 비행기 등 탈것을

이용해서 사람이나 화물을 한 지역에서 다른 지역으로 옮기는 행위를 말합니다. 그런데 탈것에 의존하지 않고 달리기로 소식을 전했던 그리스 병사의 행동을 '교통의 원조'라고 부르는 이유는 뭘까요? 현생인류 호모사피엔스가 30만 년 전부터 지금까지 진화를 거듭하며 지구에 생존할 수 있었던 배경에는 두 발로 이동하면서 위험한 곳을 벗어나 더 살기 좋은 곳으로 옮겨 다니는 이동 본능이 있습니다. 즉, 인간에게는 본능적으로 위험에 도전하여 극복하는 유전자가 잠재되어 있다는 것이지요. 달리기는 인류 최초의 이동 본능이자 교통의 시작이라고 할 수 있습니다. 하지만 그 병사는 얼마나 힘들었을까요. 고대 그리스 시대에 자동차와 같은 탈것이 있었다면 그 병사가 그렇게 힘들게 달리지 않아도 되었을 텐데 말입니다.

한자로 교통(交通)의 의미는 '오가다', '주고받다'는 (交)자와 '알리다', '꿰뚫다'는 통(通)자가 만나 '막힘없이 서로 오가는 일'을 뜻합니다. '통'자는 곧게 뻗은 길을 뜻하는데 길이 뚫려있으니 이동하기 수월하다, 거침없이 서로 오간다는 의미가 있습니다.

교통을 뜻하는 영어 단어 'transport'는 'trans(이동)'와 'port(항구)'의 합성어랍니다. 비행기가 나오기 전에는 이동 수단이 항구에 정박된 배였다는 것을 생각하면 이해가 쉽지요. 요즈음 먼 거리를 빠른 시간에 이동할 수 있는 교통수단으로 비행기가 있지만, 국내에서 오가는 교역물량을 실어 나르는 교통은 도로를 달리는 차가 80%를 차지하고 있습니다. 또 세계

교역물량을 가장 많이 운반하는 교통수단은 여전히 바다에 배를 띄워 이동하는 해운이 으뜸입니다. 전체 교역물량 중에서 99.7%를 차지하고 있지요. 반면 항공 운송은 0.3%에 불과합니다. 국내 뿐 아니라 세계의 교역 물량 중 약 119억 톤을 배로 옮기고 있으니 배는 현대 사회에서도 교통수단의 으뜸 상징입니다. 그럼 빠른 비행기를 놔두고 왜 그렇게 많은 물건을 배로 옮기는 걸까요. 그 이유는 배로 옮기는 것이 기차나 비행기보다 싸기 때문입니다. 그래서 벌크선, 탱커선, 가스선, 컨테이너선※ 등 물자를 수송하는 배의 종류가 다양합니다.

벌크선
원목, 시멘트, 철광석, 곡류 등 포장하지 않은 화물을 그대로 쌓을 수 있는 화물 전용 선박을 가리킨다.

탱커선
석유류, 화공약품 등의 액체 화물을 비포장 상태로 쌓아 대량으로 운반할 수 있는 배를 말한다.

가스선
LPG, LNG 등의 액체 화물을 비포장 상태로 산적하여 대량 수송하는 데 사용하는 배를 가리킨다.

컨테이너선
화물 창고와 갑판에 가전, 섬유, 타이어 등 컨테이너 화물을 운송하도록 설계한 배이다.

교통이 발달하면 산업도 발달해요

현대적인 의미의 교통은 산업혁명과 관계가 깊어요. 배에서 기차와 차로 교통수단이 바뀌게 된 시기도 산업혁명 이후부터입니다. 영국에서 시작된 1차 산업혁명은 증기기관의 발명을 비롯해 여러 과학기술이 폭발적인 성과를 내던 때였습니다. 19세기 초 영국의 발명가 스티븐슨은 자신이 사용하던 증기기관을 개량해 최초의 증기기관차를 개발했고, 이때부터 배로 옮기던 물건의 이동을 기차가 맡게 되었죠. 배를 이용한 교통은 항구에 정박하여 마차로 목적지까지 물건을 옮기는 데 시간이 많이 걸렸지만, 증기기관차는 철로가 있는 곳이면 어디든 갈 수 있었습니다. 더 많은 철로를 만들기 위해 유럽과 미국에서는 대규모 철로 건설 사업이 시작되었습니다.

2차 세계대전 이후에는 자동차와 비행기 같은 교통수단이 대중화되면서 사람과 화물이 더욱 활발하게 이동할 수 있게 되었습니다. 1차 산업혁명이 영국에서 꽃을 피웠다면, 2차 산업혁명은 힘을 미국으로 옮겨 성과를 내었습니다. 2차 산업혁명에 힘입어, 석유와 전기 등을 동력으로 한 산업이 발전하면서 대량생산이 가능하게 되었어요.

세계 최초로 자동차가 대량생산되었던 시기는 1900년대 초입니다. 미국의 기업가 헨리 포드(1863~1947년)가 1890년에 자동차 내연기관을 완성하고, 바로 이어 2년 후인 1892년에 자동차를 만들었죠. 1903년에 출시된 포드모델이라는 자동차로 그는 세계적인 부자가 되었어요. 이후 자동차가 생산된 지 약 15년 만에 미국 맨해튼의 중심가는 마차 대신 자동차로 뒤덮이게 되었습니다. 과학기술의 놀라운 발전과 경제적인 성장이 교통의 혁명을 이끌었습니다.

이때까지만 해도 미국에서 자동차는 부자들만 몰고 다니는 부귀영화의 상징이었어요. 그렇다면 언제부터 중산층도 자동차를 소유하게 되었을까요. 1929년 미국에서 터진 대공황으로 포드, GM 등 미국의 자동차 회사는 가격을 내려 실용적인 보급형 자동차를 만들기 시작했습니다. 자동차 가격이 낮아지면서 중산층도 자동차를 구입할 수 있게 되었지요. 본격적인 '마이카(My Car)' 시대가 열렸습니다.

> **대공황**
> 1929년부터 약 10여 년간 미국에서 계속된 경제 위기를 의미한다. 유럽에도 영향을 끼친 대공황을 극복하기 위해 루즈벨트 미국 대통령은 뉴딜정책을 실시하게 되었다. 도로, 다리 등 공공시설 건설을 통해 새로운 일자리를 만들고, 농가를 살리기 위한 농업조정법 등을 실행하여 대공황을 적극적으로 극복해 나갔다.

시발 자동차 타고 출바~~알!

우리나라의 교통체계는 어떻게 발전해왔을까요. 일제 강점기에 기차와 자동차가 처음 등장하게 되었지만, 우리 손으로 개발한 첫 차는 1960년대 출시된 '시발(始發)' 자동차로 우리나라 자동차 산업의 모태가 되었습니다.

하지만 자동차가 대중화된 시기는 30년이 채 되지 않아요. 짧은 기간에 눈부신 성장을 한 셈이지요. 1960년 이후 국가주도의 경제 성장을 시작하면서 도로와 철로 그리고 항만과 공항 등 사회간접자본을 건설하기 시작했지요. 교통수단이 움직일 수 있는 길을 닦으니 빠른 시간에 교통이 발전할 수 있는 밑거름이 되었습니다.

> **사회간접자본**
> 생산과 소비 활동을 직간접적으로 지원해 주는 자본을 말한다. 도로, 항만, 공항, 철도 등 교통시설과 전기, 통신, 상하수도, 댐, 공업단지 등이 사회 간접자본에 포함된다.

교통은 사람들의 일상을 바꿔놓는

(왼쪽)미국에 처음 자동차가 등장한 시기는 1980년대 말. 1900년 뉴욕시 맨해튼 5번가에는 마차가 주요 교통수단이었다. (오른쪽)하지만 13년 후 맨해튼 5번가에는 마차 대신 자동차가 도로를 메웠다.

역할을 합니다. 우리나라에서 지하철 1호선이 개통된 시기는 1974년 8월 15일. 10년 후 1984년 강남과 강북을 오가는 지하철 2호선이 개통되었어요. 이전까지는 버스와 택시가 대표적인 대중교통수단이었지만, 지하철이 등장한 이후 도시 곳곳으로 저렴한 가격에 먼 거리까지 이동할 수 있게 되었습니다. 이처럼 도심에 지하철이 건설되면서 경제적인 활동이 활발하게 되고, 일자리가 증가하면서 지방도시의 인구를 흡수하게 됩니다. 대도시가 더 커지게 되는 이유이기도 합니다.

교통은 삶의 질도 바꿔놓았습니다. 예전에는 주로 남성들이 운전을 하였다면 이제는 여성들도 쉽게 차를 운전할 수 있게 되었습니다. 자동 변속기 및 주차를 도와주는 여러 가지 전자장치가 차에 탑재되면서 자동차를 몰고 다니기가 훨씬 편리해졌거든요. 내비게이션이 나오면서 길을 모르는 지역으로도 쉽게 이동할 수 있게 되었죠. 이제 자동차로 경제활동을 할 수 있을 뿐 아니라, 주말이면 차를 타고 먼 거리를 달리면서 여유를 즐길 수 있게 되었습니다.

교통의 발달이 바꿔놓은 전국 1일 생활권

2004년 4월 1일 경부선에 처음 개통된 KTX는 세계에서 다섯 손가락 안에 들 정도로 빠른 기차입니다. 처음 KTX를 개발할 때는 프랑스의 고속열차 떼제베의 기술을 전수받았지만, 현재는 고속열차의 기술을 해외에 수출하는 정도가 되었어요.

KTX의 등장으로 서울과 지역 간의 이동 시간이 절반 이상 줄었습니다. 고속철도가 건설되기 전에는 서울에서 부산까지 새마을호(시속 140㎞)로 4시간 18분이 걸렸다면, 시속 300㎞로 달리는 KTX는 2시간 18분이면 도착합니다. 아침 일찍 부산에서 서울로 와서 저녁에 다시 부산으로 돌아갈 수 있게 되어 이른바 '전국 1일 생활권'이 완성되었죠.

4차 산업혁명으로 정보통신이 발달하면서 이제는 자율주행자동차까지 등장했습니다. 이미 미국 아리조나주에서는 사람이 타지 않은 빈 자동차가 도로를 다니면서 시운전을 하고 있습니다. 우리나라에서도 자율주행자동차 개발에 많은 노력을 하고 있지요. 아직 도로를 달리기에는 부족한 점이 많지만, 곧 자율주행자동차가 일상생활 속으로 들어올 것입니다. 그 전에 사람의 목숨을 좌우하는 교통수단인 만큼 법적인 문제 그리고 기술적인 문제를 철저하게 해결해야겠죠.

자율주행자동차는 BMW, 벤츠 등 자동차를 만들던 회사 외에 구글, 애플 등 정보통신 분야의 회사들도 뛰어들어 연구하고 있습니다. 이유는 자율주행자동차의 핵심 기술이 IT(정보통신기술 Information Technology)를 기반으로 하기 때문입니다. 도로에서 벌어지는 교통사고를 최소화하기 위해서는 자동차가 긴급한 순간에 빨리 제어할 수 있어야 하는데, 정보통신 분야의 기업들은 그 기술에 앞서있기 때문이죠.

자율주행자동차가 도로를 쌩쌩 달리려면 네트워크의 속도가 빨라야겠죠. 도로에서는 어떤 일이 벌어질지 모르니까요. 차가 달리고 있는데 갑자기 사람이 뛰어든다면, 차가 순식간에 제어를 할 수 있어야 합니다. 자율주행자동차가 이같은 결정을 내리려면 제어센터와 신호를 주고받는 네트워크 속도가 관건입니다. 2018년 12월 1일 세계 최초로 5세대(5G) 이동통신 서비스를 시작한 우리나라는 자율주행자동차의 네트워크 기반을 먼저 갖췄습니다. 자동차 기술과 네트워크 기술이 만나 더욱 편리한 이동 수단이 곧 등장하게 될 것입니다.

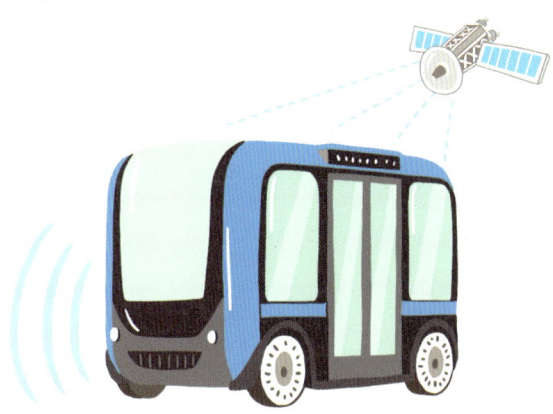

인류는 언제부터 모여 살았을까

나보다 덩치가 큰 동물의 위협에 맞서려면 무리지어 다녀야 합니다.
동물들은 본능적으로 같은 종끼리 모여 살면서 외부의 공격을 막아냈지요.
400만 년 전 유인원의 모습으로 지구에 나타난 오스트랄로피테쿠스 역시
무리를 지어 생활하며 진화를 거듭해 현생인류 호모사피엔스로
오늘에 이르렀습니다. 약 30만여 년 간 호모사피엔스가 이루어낸
인류 문명의 기원을 찾아 과거로 고고씽~!

4-2 / 사회 / 촌락과 도시의 생활모습

지금부터 약 400만 년 전쯤 아프리카 올두바이 계곡에서 인류의 먼 조상인 오스트랄로피테쿠스가 무리지어 살았습니다. 사자, 호랑이와 같은 큰 동물의 공격을 피하기 위해서였죠. 오스트랄로피테쿠스는 유인원에 가까운 모습이었어요. 그들은 우연히 깨진 돌로 사냥을 하면서 돌로 된 도구를 쓰기 시작했죠. 이 시기를 석기 시대라고 합니다. 처음 무리지어 살면서 씨족과 부락이 탄생하였습니다. 하지만 이들을 현생인류라고 하기엔 모자란 점이 한참 많습니다. 똑바로 서지도 못했고, 언어를 제대로 구사

하지도 못했으니까요.

드디어 인류의 조상이라고 불리는 호모하빌리스가 나타났어요. 지금으로부터 250만 년 전입니다. 호모하빌리스는 도구를 직접 만들어 쓰기 시작했습니다. 오스트랄로피테쿠스가 우연히 조각난 돌의 날카로운 면을 사용했다면, 호모하빌리스는 스스로 도구를 만들어서 사냥을 했지요. 또 사냥을 해 온 동물은 가족이나 이웃과 나눠먹기도 했습니다. 외모를 한번 볼까요. 호모하빌리스는 서서 다니기 시작했지만, 허리는 좀 구부정한 상태였어요.

S자로 굽었던 척추가 곧게 선 호모에렉투스(꼿꼿이 선 사람이란 뜻)는 80만 년이 더 지나서 지구에 등장했습니다. 지금으로부터 170만 년 전의 일이지요. 이들은 본격적으로 집단생활을 했습니다. 사냥을 할 때도 체계적으로 했다는 기록이 남아 있어요. 우두머리의 지시에 따라 사냥할 동물을 향해 한꺼번에 달려들었던 것이죠.

에티오피아에서 살았던 오스트랄로피테쿠스 '루시'를 재현한 모습

호모사피엔스의 등장!

그렇다면 현재와 유사한 모습의 현생인류가 탄생한 시기는 언제일까요. 약 30만 년 전입니다. 호모사피엔스(지혜로운 사람이란 뜻)가 그 주인공입니다. 이들은 불을 자유자재로 사용하고 옷을 지어 입을 줄도 알았죠. 시

간이 더 흘러 지금으로부터 15만 년 전에는 호모사피엔스가 아프리카를 벗어나 아메리카와 오스트레일리아를 제외한 전 지구에 살기 시작했습니다.

그런데 이들에게 시련이 닥쳐옵니다. 7만 년 전 지구에 몰아친 마지막 빙하기에 전 지구가 얼음으로 뒤덮이고 말았죠. 매머드와 같은 덩치 큰 동물들은 이때 멸종되고 말았습니다. 호모사피엔스는 함께 살면서 머리를 맞대고 지혜를 모아 사냥을 잘 할 수 있는 도구를 정교하게 만들어가면서 위기를 극복하게 되었죠.

빙하기를 겪으면서 더욱 지혜로워진 인류는 예술 활동을 통해 감정을

오스트랄로피테쿠스, 호모하빌리스, 호모에렉투스, 호모사피엔스, 호모사피엔스 사피엔스

표현하기도 했습니다. 스페인 알타미라 동굴, 프랑스 라코스 동굴 등에서 발견된 벽화에는 소, 사슴, 이리, 새와 같은 동물들의 정교한 모습이 생생하게 남아있습니다.

원시인류의 진화

시기	인류	특징
400만 년 전	오스트랄로피테쿠스	남쪽의 유인원이라는 뜻. 구부정하게 걷는 유인원의 모습이었다. 숲에서 나와 초원에 모여 살면서 식물의 열매를 따먹고 작은 동물을 잡아먹고 살았다. 잡는 즉시 혼자 다 먹었으며, 나눠 먹는다는 생각을 하지 못했다.
250만 년 전	호모하빌리스	도구를 만드는 사람이라는 뜻. 1959년 아프리카 올두바이 계곡에서 수천 개의 석기가 발견됐다. 오스트랄로피테쿠스보다 두뇌가 크고 손가락과 발가락이 정교한 새로운 인류로 평가된다.
170만 년 전	호모에렉투스	똑바로 선 사람이란 뜻. 현재 인류처럼 등뼈를 곧게 펴고 꼿꼿이 서서 걸을 수 있었다. 거칠게 만든 창을 나무 막대기에 매달아 사용했다. 가죽으로 간단한 집을 짓고, 사냥해 잡은 고기는 가족끼리 나눠 먹었다.
30만 년 전	호모사피엔스	지혜로운 사람이라는 뜻. 키 165~170㎝, 뇌 용량은 1,300~1700cc. 지구의 마지막 빙하기를 거치며 지금까지 지구에서 살고 있다.

　호모사피엔스가 지구에 등장하자마자 문명이 발달하기 시작한 것은 아닙니다. 문명이 시작된 시기는 6000여 년 전입니다. 고대 문명이란 청동기와 철기로 도구를 만들어 사용하였고 농업을 시작한 시기를 말합니다. 또 문자로 소통을 하고, 신에게 예배하는 종교가 있었지요. 고대 국가가 형성된 시기이기도 합니다. 문명이 처음 시작된 곳은 크게 네 곳으로 고대 문명의 발상지라고 합니다. 고대 문명 발상지는 모두 강가에 위치하고 있습니다. 나일강 지역을 중심으로 형성된 이집트 문명, 티그리스 유프라테스강을 따라 탄생한 메소포타미아 문명, 인더스강을 중심으로 한 인더스

문명, 그리고 중국 황허 유역에 형성된 황허 문명입니다. 인간에게 강이란 여러 가지 의미가 있죠. 농사에 필요한 물을 얻을 수 있고, 사람과 물자를 배로 옮길 수도 있어서 교통이 발달하게 됩니다.

고대 국가가 생기면서 사람들이 모여 살게 되었습니다. 의사소통을 하기 위해 문자를 만들었고, 죄를 저질렀을 때 벌을 줘야 하니 법률도 필요했죠. 인류 최초의 법을 담은 함무라비 법전☀이 메소포타미아 지역에서 나온 이유도 그 때문이랍니다.

또 상거래가 이루어지면서 정확한 계산이 필요하고, 건축물을 세우기 위해 측량이 필요하게 되니 자연스레 수학이 발달하였습니다. 신이 살고 있다고 믿었던 하늘을 살피면서 천문학과 같은 학문도 발전하게 되었지요. 본격적으로 문명이 꽃피게 되었던 것입니다.

> **함무라비법전**
> 기원전 1792년에서 1750년까지 메소포타미아 지역의 고대 도시 바빌론을 통치한 함무라비 왕이 만든 법률이다. 지금까지 발견된 고대 법전 중 가장 오래된 법전으로, 높이 2.25m의 돌기둥에 새겨져있다. 프랑스와 이란의 합동 발굴팀이 1901년 이란 서남부, 걸프 지역 북쪽에 위치한 고대 도시 '수사'에서 발굴했다.

농사짓는 법을 알게 되면서 더 많은 식량을 생산하게 되었습니다. 사람들은 농사에 필요한 여러 가지 것들을 발달시켰습니다. 건축 솜씨가 좋은 사람은 집을 짓고, 토기를 잘 만드는 사람은 토기만 만드는 데 집중하는 등 각자 타고난 재주에 따라 일을 나눠서 하게 되었습니다. 분업이 시작된 것이지요.

한 가지 일에 집중하다 보니 생산량이 늘어나게 되고, 혼자 쓰고도 남을 정도로 물건이 많아졌어요. 사람들은 쓰고 남은 물건을 서로 바꿔 쓰기 시작했죠. 교역이 시작되었습니다. 강 유역에 있는 마을에는 물건을 사고팔려는 사람으로 넘쳐났어요. 그래서 강 근처에는 더 많은 사람이 모여 살게 되면서 마을이 점점 더 커지게 되었죠. 문명이 계속 발전하게 됩니다.

현대 사회도 마찬가지입니다. 도시가 발전하면서 일자리가 많아지면 사람들이 모이게 됩니다. 서울 근처에 위성도시가 여럿 생기는 이유도 고대의 도시 형성 배경에서 답을 찾을 수 있습니다.

이것마저 알려주마!

: 원시인들은 몇 명씩 모여 살았을까

혹시 동물원이나 사파리에 가 본 적이 있나요? 침팬지나 오랑우탄들이 따뜻한 양지에 옹기종기 모여 앉아 서로 털을 골라주며 편안하게 지내기도 하지요. 400만 년 전 원시인들도 친분을 과시하기 위하여 털 고르기를 하면서 무리를 지어 살았습니다. 인류가 처음 씨족과 부락을 이루면서 살게 된 시작이기도 해요. 털 고르기를 하면 뇌에서 신경 전달 물질 베타엔도르핀이 분비되어 기분이 좋아지고 긴장이 풀리게 됩니다. 부모님이나 할머니 할아버지가 어루만져 주면 기분이 좋아지는 그런 느낌이랍니다. 즉, 유인원들은 털을 골라주는 대상과 끈끈한 유대관계를 형성하게 되지요. 때로는 어떤 상대를 선택하느냐, 얼마나 오래 털 고르기를 해주느냐에 따라 친한 정도가 다르게 나타나게 됩니다. 맛있는 먹을거리가 생기면 먼저 나눠먹고 싶어지는 집단이 되는 것이죠.

그렇다면 이런 식으로 몇 명이나 모여 살았을까요. 영국의 인류학자인 로버트 던바 옥스퍼드 대학 교수가 영장류 종의 뇌 크기와 집단의 크기가 비슷하다는 사실을 밝혀냈습니다. 석기 시대 유인원의 뇌 크기와 집단 크기를 분석해 보니 대략 150명 정도가 모여 살았을 것이라는 결론이 나왔습니다.

신기한 것은 수렵·채집 집단이나, 고대에 농사를 짓기 위해서 아시아 지역에 모여 살았던 마을의 평균 인구가 150여 명이었다는 것. 즉, 인간이 끈끈한 유대관계를 유지할 수 있는 구성원의 숫자는 150여 명에 불과하다는 사실입니다. 한 마을에 살면서 인사를 하고 궂은 일이 생길 때 서로 보살펴주며 살아갈 수 있는 구성원의 숫자이지요.

이처럼, 인류가 탄생한 이래로 우리는 모여 살았습니다. 인간은 절대 혼자 살 수가 없다는 뜻이겠지요. 한 가지 뜻을 이루기 위해 모여 살면서 지혜를 모으는 집단을 '공동체'라고 합니다. 가족, 마을, 국가, 세계, 지구, 우주…, 이렇게 넓어집니다.

약이 되는 방사선,
독이 되는 방사능 물질

신체 조직에 문제가 생겨 병원에 가면 엑스선 촬영을 하지요. 원소의 특징을 살려서 의료기기에 방사선을 적용한 대표적인 사례입니다. 방사선의 특징을 이해하고 헷갈리기 쉬운 방사능에 대해서도 알아봅시다.

5-2 / 사회 / 환경과 조화를 이루는 국토

　원자는 안정되어 있기도 하고, 때로는 불안정하게 요동치는 경우도 있습니다. 원자가 안정적일 때는 크게 움직이지 않지만, 불안정해지면 입자로 이루어진 원자가 빛을 밖으로 내보내면서 원자핵을 안정화시키려고 합니다. 이때 나오는 입자나 빛이 방사선입니다. 방사선은 자연환경에서 나오기도 하고, 인위적으로 만들 수도 있습니다. 불안정한 상태의 원자 가운데 대표적인 우라늄을 한번 보겠습니다. 우라늄은 안정된 상태의 원소가 되기 위해 핵분열을 일으키고 열에너지와 중성자를 내뱉게 됩니다. 이 열

에너지와 중성자가 방사선입니다. 발전소에서는 우라늄의 불안정성을 가속화해서 에너지를 만드는데, 이때 방사선도 함께 나오게 됩니다.

의학의 발전을 앞당긴 방사선

방사선을 처음 발견한 사람은 퀴리 부인(Marie Curie, 1867~1934년)입니다. 원래 이름은 폴란드 출신의 마리아 스크워도프카입니다. 서양에서는 결혼하면 남편의 성을 따르는 관습 때문에 본래 이름보다 남편의 성을 딴 퀴리 부인으로 더 많이 알려져 있지요.

마리 퀴리는 프랑스 소르본느 대학에서 물리학과 수학 학위를 받고 1894년 연구 동료인 피에르 퀴리(Pierre Curie, 1859~1906년)와 결혼했습니다. 퀴리 부부는 1902년 순수한 라듐을 발견하였고, 1903년에는 그 공을 인정받아 노벨물리학상을 공동 수상했습니다.

노벨물리학상
다이너마이트를 처음 발명한 스웨덴의 화학자이자 사업가인 알프레드 노벨이 1895년 작성한 유언에 따라 인류 문명의 발전에 기여한 사람에게 주는 노벨상 중 한 분야이다. 1901년부터 상을 주기 시작한 노벨상은 물리, 화학, 생리학·의학, 문학, 평화 등 여섯 개 부문이었으며, 1969년 경제학이 추가되었다.

무엇이든 적절하게 쓰면 약이 될 수 있지만 과하면 독이 됩니다. 원자력에서 나오는 방사선도 마찬가지랍니다. 방사선은 흥분한 원자의 에너지가 원래 모습으로 되돌아가기 위해 밖으로 내놓는 모든 것을 말합니다. 에너지가 높아 불안정한 원자 혹은 원자핵에서 방출되는 에너지랍니다. 이 방

사선을 잘 이용하면 항암 치료 등에서 효과를 볼 수 있습니다.

방사선을 의료기기에 적용한 대표적인 사례는 X선 촬영입니다. X선을 처음 발견한 사람은 독일의 물리학자 빌헬름 뢴트겐입니다. 뢴트겐은 이 공적을 인정받아 1901년 최초의 노벨물리학상 수상자가 되었죠.

뢴트겐 박사는 유리관을 진공상태로 만든 뒤 양극과 음극을 놓고 전기를 흘려보내는 실험을 하던 중 이상한 현상을 발견하게 되었습니다. 검은 종이로 덮은 유리관에 형광판 하나가 빛을 내고 있었던 것입니다. 이상한 생각이 들어 형광판에 손을 넣었더니 형광판 위로 뼈의 모양이 나오는 게 아니겠어요. 대체 이 빛이 뭐지? 라고 생각한 뢴트겐은 수학에서 모른다는 의미로 사용하는 엑스(X)에서 빌려와 엑스선이라고 불렀습니다.

같은 듯 다른 이름의 방사선, 방사성, 방사능

방사선은 맨눈으로는 볼 수가 없고 냄새도 맡을 수 없어요, 맛을 볼 수도 없지요. 다만 그 종류가 매우 다양합니다. 방사선을 구분하자면 입자 형태와 빛이나 전파 형태로 나눌 수 있습니다. 입자 형태의 방사선으로는 알파선, 베타선, 중성자선 등이 있습니다. 빛이나 전파로 존재하는 방사선으로는 감마선, X선 등이 있습니다. 이 두 가지는 전자파라고도 합니다. 전자파는 공간을 타고 퍼지면서 물질을 통과하는 특징이 있어서 우리 몸속 깊숙이까지 뚫고 들어갑니다. 이런 성질을 이용해서 엑스선이나 방사선동위원소를 이용한 의료 기구를 만들지요. 엑스레이촬영, 컴퓨터단층촬영(CT), 양성자방출단층촬영(PET) 등이 있는데, 대부분 몸속 암세포를 발견하는 데 이용하는 검사 기구들입니다. 검사 뿐 아니라 방사선으로 암을 치료하기도 합니다. 돋보기 같은 기구로 몸속에 적정 양의 방사선을 쪼여서 암세포만 죽이기도 합니다.

또 방사선을 이용해 영양 성분은 변하지 않고 나쁜 미생물만 죽이는 기술도 개발되고 있어요. 특히 우주선에서는 방사선이 유용하게 활용되는데요, 우주선에 실을 음식물은 모두 방사선에 노출시켜 살균 처리를 한 다음 밀봉해서 가지고 갑니다. 세계 52개국에서 사람들이 먹는 식품에 방사선을 쪼이는 기술을 인정하고 사용하지만 우리나라에서는 방사선이 위험하다고 생각해 널리 사용하지 않고 있습니다. 대신 일회용 주사기, 수술 시 고무장갑 소독 등에 사용하는 정도입니다. 방사선에 심하게 노출되면 인체 속으로 파고들어 세포의 돌연변이를 일으켜 암을 발생시킬 수 있으니까요.

그런데 방사선이 사람의 몸에 미치는 영향은 어떻게 측정할까요? 방사선의 양을 나타내는 단위는 시버트(Sv)입니다. 시버트는 방사선의 종류와 관계없이 그 방사선으로 인해 일정한 생물학적 효과만을 나타내는 단위입니다. 적은 양의 방사선을 나타낼 때는 1시버트의 1000분의 1인 1밀

돌연변이
유전 정보가 들어있는 DNA 분자가 여러 가지 요인으로 원본과 다르게 바뀌는 것을 말한다. DNA 분자는 스스로 복제하면서 단백질을 형성하게 되는데, 돌연변이는 복제 과정에서 우연히 자연적으로 일어나기도 하지만 방사선이나 화학 물질 등 외부 요인에 의해서도 발생한다.

리시버트(mSV)를 사용합니다. 엑스선을 한번 촬영할 때 우리 몸은 약 0.1~0.3Sv의 방사선량을 쏘이게 됩니다. 보통 1인당 연간 방사선 허용량은 1밀리시버트(mSV) 정도입니다. 1밀리시버트는 100회 정도 연속으로 엑스선 촬영을 할 때 노출되는 방사선의 양입니다.

여기서 잠깐. 방사선과 방사능은 비슷한 말로 섞어서 쓸 수가 있는데요. 두 가지는 다른 말이랍니다. 방사선은 물질이 내놓는 에너지 즉 흐름이라면, 방사능은 물질이 내 뿜는 세기나 성질을 의미합니다. 즉 방사성물질이 방사선을 방출하는 능력이나 방사선을 방출하는 성질을 방사능이라고 하죠. 라듐, 우라늄, 토륨 등 원소의 원자핵이 스스로 무너지면서 방사선을 방출하는 성질을 방사능이라고 하는데, 흔히 방사능 유출, 방사능 오염 등에 사용하는 것입니다. 특히 방사성 물질 중 세슘-137(Cs-137), 방사성 요오드 등은 우리 몸에 나쁜 영향을 미치는 것으로 알려져 있습니다.

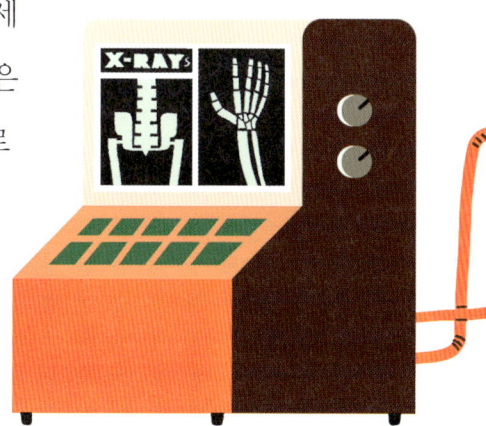

구텐베르크의 인쇄술,
세상을 바꾸다

구텐베르크가 개발한 인쇄술은 서양에 시민의식을 탄생시키는 도화선이 되었습니다. 소수 권력자의 손에 쥐어있던 지식을 누구나 얻을 수 있는 평범한 상식으로 바꿔놓았기 때문이지요. 지식을 누구에게나 전해주면서 사람들을 똑똑하게 만든 구텐베르크 금속인쇄술에 대해 알아봅시다.

6-1 / 사회 / 우리사회의 과제와 문화의 발전

책이 뉴스를 알려주는 뉴미디어였던 시절이 있었습니다. 이탈리아를 중심으로 꽃피기 시작한 르네상스 시대(14~16세기)였죠. 지금은 컴퓨터 역할을 하는 스마트폰으로 손 안에서 전 세계의 정보를 실시간으로 접속할 수 있지만 예전에는 정보를 얻을 수 있는 사람의 숫자가 한정되어 있었습니다. 힘센 사람에게 정보를 먼저 전해주다 보니 그 시기엔 정보가 곧 권력이었지요. 많은 사람에게 정보를 전달할 수 있게 만든 인쇄술은 오늘날 스마트폰의 발명만큼이나 획기적인 기술혁신이라 할 수 있습니다.

금속인쇄술로 세상을 바꾼 주인공은 요하네스 구텐베르크입니다. 1440년경 독일의 금세공업자 구텐베르크가 포도 착즙기에서 착안해 금속인쇄술을 발명했습니다. 그는 인쇄소를 차리고 구텐베르크 성서를 인쇄하기 시작했습니다.

금속인쇄술이 널리 퍼지기 전까지 책 한 권을 만들려면 필경사가 손으로 글자를 한 자씩 써내려가야 했고, 시간도 서너 달은 족히 걸렸습니다. 그런데 구텐베르크가 금속인쇄술을 발명한 이후 하루에도 수백 권의 책을 찍어

필경사
손으로 글을 적는 전문가. 문자 발명 이후 생겨난 전문직 지식인이다. 인쇄술이 발명되기 전까지 필경사가 한 자 한 자 써서 책을 만들었다. 기원전 4천 년 전 생겨난 것으로 추정하고 있으며, 중세 유럽에서는 수도원 수도사들이 주로 필경사로 활동했다.

낼 수 있게 된 것입니다. 그 덕에 귀족과 성직자들의 전유물이었던 성서가 더 많은 사람들에게 보급되었습니다. 당시 서양에서는 교회에 가서 성직자를 만나야만 자신의 죄를 빌고 죽어서 천국에 갈 수 있다고 믿었습니다. 교회가 권력의 중심에 있었던 시기죠. 그런데 구텐베르크의 인쇄술로 성서를 읽을 수 있는 기회가 많아지면서 성서만 읽어도 하나님을 만날 수 있다는 주장이 힘을 얻기 시작했습니다. 급기야 독일에서는 종교개혁(1517년)이 시작되었습니다. 천국으로 들어가는 입장권 역할을 했던 '면죄부'를 돈 받고 팔던 성직자와 교회를 사람들

면죄부
저지른 죄를 없애주는 증명서다. 로마의 성당을 건설하기 위해 교황청이 대량으로 판매해 비리가 발생하기도 했다. 종교개혁운동이 시작된 요인 중 하나다.

이 외면하기 시작한 것이죠. 사람들은 성경을 읽으면서 서서히 모든 사람은 존엄하고 평등하며 자유로울 권리가 있다고 깨닫게 됩니다.

인쇄술은 근대 역사를 앞당기는 역할도 하였습니다. 성서를 읽게 된 사람들은 신과 인간이 직접 만날 수 있게 되었으니, 불합리한 세상을 인간이 나서서 바꿀 수 있다는 도전정신을 갖기 시작했거든요. 나아가 농업혁명이 일어나고 과학기술이 발전하면서 사회는 급속한 변화를 맞게 되죠. 이탈리아를 시작으로 유럽은 르네상스 시대를 맞이하게 됩니다. 사회 전체에 변화의 바람이 불기 시작했지요.

> **르네상스**
> 14세기부터 16세기 사이 일어난 유럽의 문화혁신운동. 신에게 의지하던 나약한 인간에서 벗어나 인간이 세상의 중심이 되는 사회를 만들고자 했던 움직임이다. 고대 그리스와 로마의 문학과 사상 그리고 예술을 다시 일으키고 인간 중심의 정신을 되살리고자 했다.

우리나라는 세계 최초의 금속활자 보유국입니다

여기서 질문 하나. 우리나라가 금속인쇄술의 세계 최강국이라고 알고 있었는데, 왜 구텐베르크 인쇄술만 강조할까요?

맞습니다. 고려 시대에 만든 불교서적 《직지심체요절》은 구텐베르크 인쇄술보다 100여 년 앞선 1377년에 금속활자 인쇄술로 만들어졌어요. 지금

> **직지심체요절**
> 고려시대 경한 스님이 1372년에 쓴 불교 서적. 간단히 '직지'라고 부르기도 한다. 현재까지 전해 내려오는 것은 상, 하권 중 하권 1책뿐이며, 프랑스 국립도서관에 소장되어 있다. 2001년 9월 유네스코 세계기록유산에 등재되었다.

까지 남아있는 전 세계 금속활자 인쇄본 중에서 가장 오래 되었지요.

《직지심체요절》은 세계 인쇄 역사에서는 인정해 주는 우리의 자랑스러운 유산인데, 왜 세계적인 주목을 받지 못할까요? 조선의 멸망과 일본에게 나라를 빼앗기는 국가의 위기를 겪으면서 우리의 문화를 세계에 알리기에는 국력이 부족했기 때문입니다. 게다가《직지심체요절》은 고려의 왕과 귀족을 위한 불교 경전입니다. 권력을 가진 계층이 아니라면 이 경전을 만져 볼 기회조차 얻기 힘들었을 것입니다.

구텐베르크 인쇄술은 성서를 평범한 시민들에게 보급해 사회적인 변화를 일으켰습니다. 하지만《직지심체요절》은 소수 특권층의 권력 유지와 그들의 행복을 위해서 주로 이용되었지요. 세상을 바꾸기에는 많이 부족했습니다.

2 경제가 답이다

인류를 가난에서 구한 산업혁명

인류가 가난을 벗어난 시기는 약 400년에 불과합니다.
산업혁명으로 인류는 폭발적인 성장을 하게 되었습니다.
과거에는 사람의 손으로 만들어 마차에 실어 나르던 물건을
이제는 로봇이 만들고 드론이 배송하고 있습니다.
1차부터 4차에 이르는 산업혁명의 특징을 함께 알아봅시다.

4-1 / 사회 / 사회 변화와 우리 생활

인류는 6000여 년 전 고대 문명의 꽃을 피웠지만, 약 5800년간 가난하게 살아왔습니다. 사람이나 가축 혹은 수차, 풍차 등에 의존하여 물건을 나르거나 이동할 수밖에 없으니 생산의 효율을 높이기 어려웠어요. 조금밖에 만들어내지 못했을 뿐 아니라 운반하기도 어려웠으니까요.

1705년 즈음 유럽에서 획기적인 사건이 일어납니다. 영국의 발명가 토마스 뉴코먼이 연료로 작동하는 증기기관을 만들었습니다. 증기기관을 이용하니 사람의 힘으로는 꿈쩍도 하지 않던 무거운 물건을 척척 옮길 수 있

게 되었죠. 이후, 제임스 왓트가 문제점을 보완해 1776년 증기기관 상용화에 성공합니다. '그게 뭐 대수인가?' 할 테지만, 수백 명의 사람이 모여서도 들기 어려웠던 물건을 기계 혼자 번쩍 들어 올렸으니 이를 지켜 본 사람들의 입이 쩍 벌어질 수밖에 없었죠.

증기기관을 이용한 기계가 다양하게 발명되면서 대량생산이 시작되었어요. 나라의 경제 발전이 속도를 내기 시작했지요. 증기기관은 기차의 핵심 부품이었습니다. 온종일 걸어서 한 달 걸리던 거리를 이틀 만에 도착할 정도로 시간을 단축시키게 되니 엄청난 혁신이자 놀라운 사건이었죠. 증기기관으로 사람들은 여러 가지 기계를 만들기 시작했습니다. 땅을 파는 굴착기, 옷감을 짜는 방적기 등이 나오면서 공장이 들어서게 되었어요. 손으로 만들던 시대와는 비교할 수 없을 정도로 빠른 속도로 생산량이 증가하게 되었습니다.

영국에서 꽃피운 1차 산업혁명

이건 바로 영국에서 벌어진 1차 산업혁명(1760~1830년)에 대한 이야기입니다. 그런데 왜 1차 산업혁명이 유럽 대륙이 아니라 섬나라 영국에서 꽃을 피웠을까요. 자유로운 영국의 사회 분위기와 기업가 정신이 밑바탕에 깔려있었기 때문입니다. 당시 프랑스, 독일과 같은 유럽 본토에서는 학문적인 연구 성과를 내는 데 집중했습니다. 그러다보니, 아무리 좋은 기술이 연구되어도 사업으로 연결하기가 쉽지 않았습니다. 반면 영국은 발

명을 장려하고 정부가 크게 간섭하지 않았어요. 그러자 과학자들이 열심히 발명한 기계로 공장을 세워 생산까지 하면서 큰돈을 버는 사람들이 많이 나오기 시작했습니다. 미래를 위해 위험을 무릅쓰고 기업을 만드는 '기업가 정신'이야말로 산업혁명의 원동력이었죠.

과학자들은 물론 자본가들도 동참했습니다. 돈이 많은 자본가들은 투자를 하기도 했지요. 이들은 매달 정기적으로 만나 영국의 산업혁명을 이끌었습니다. 보름달이 뜨는 매달 월요일에 만났다고 해서 모임의 이름을 루나 소사이어티라 불렀습니다. 《종의 기원》을 쓴 찰스 다윈, 증기기관을 만든 볼턴과 제임스 와트, 산소를 발견한 화학자 조지프 프리스틀리 등 회원

루나 (LUNAR)
영어로 '달의'라는 의미의 형용사로 Solar(태양의)의 반대 의미로 쓰인다.

들의 면면이 화려하지요. 토머스 제퍼슨, 벤저민 프랭클린 등 미국의 유명 인들과도 교류했습니다.

자, 이렇게 시작된 1차 산업혁명이 잘 굴러가려면 에너지원이 있어야겠죠? 바로 석탄입니다. 당시 영국에는 바닷가에 굴러다닐 만큼 많았던 석탄을 증기기관의 에너지로 사용하기 시작했습니다. 더 많은 석탄을 구하기 위해 산속에 탄광을 파고 내려가 석탄을 채굴했습니다.

독일과 미국이 주체가 된 2차 산업혁명

1차 산업혁명이 영국에서 시작되었다면, 2차 산업혁명(1870~1930년)

은 독일에서 나온 기술이 미국으로 건너가 열매를 맺게 되었습니다. 19세기 중반까지 독일은 여러 분야에서 기술을 발전시켰습니다. 화학 염료를 합성하고, 합성 석유도 만들어냈으니까요. 1,2차 세계대전을 일으킨 독일이 전쟁에서 패배하자 전쟁에서 이긴 연합군 중에서도 자본이 풍부했던 미국이 빠른 속도로 기술을 흡수하기 시작했어요. 미국으로 건너간 유럽의 기술은 철도, 강철, 정유, 자동차, 통신 분야의 산업으로 퍼지게 되었습니다.

2차 산업혁명의 핵심 키워드는 전기, 석유 그리고 철강입니다. 그리고 에너지원은 석유와 전기입니다. 에디슨이 만든 기업 제너럴 일렉트릭과 미국의 발명가이자 사업가인 조지 웨스팅하우스가 세운 전기 회사 '웨스팅하우스'가 합작해서 발전기를 만들었습니다. 발전기는 전기를 대량생산할 수 있는 기계였지요. 증기기관을 이용할 때보다 적은 비용으로 더 많은 에너지를 만들어낼 수 있게 되었어요. 적은 비용으로 에너지를 공급하게 되자 공장은 더 빨리 더 많이 상품을 생산할 수 있게 되었습니다. 이때 미국에서는 철도 공사에 속도를 내기 시작했답니다. 이제 더 멀리 상품을 보낼 수도 있게 되었지요.

2차 산업혁명으로 화학이 급격히 발전하면서 원유를 걸러 플라스틱 등 고분자화합물을 만들 수 있게 되었습니다. 지금 우리가 입고 있는 화학 섬유의 대부분은 석유에서 나온 원료로 실을 뽑아 옷감을 만듭니다. 나일론이 대표적인 사례입니다. 1939년 뉴욕 세계박람회에 나일론 스타킹이 처음 소개되었습니다. 가벼우면서도 찢어지지 않는 기적의 섬유라고 알려지면서 사람들이 구름떼처럼 몰렸지요. 나일론을 처음 만든 회사는 미국의 듀폰사입니다. 이전까지는 총과 대포 등을 만들던 군수업체였는데, 딱딱한 이미지를 벗기 위해 만든 것이 바로 나일론이었답니다.

세계를 하나로 연결한 3차 산업혁명

네트워크 시대를 활짝 열어준 정보통신 혁명을 3차 산업혁명(1960년대~2004년)이라 부릅니다. 인류는 공업화 시대를 넘어 정보화 시대를 맞이하게 되었지요. 1946년 세계 최초의 범용컴퓨터 에니악(ENIAC)이 개발된 이후 1969년 미 국방부 산하 연구기관에서 여러 대의 컴퓨터를 전화선으로 연결해 데이터를 교환하게 된 것이 인터넷의 시초인 '아르파넷(ARPANET)'이었습니다.

현재와 같은 인터넷을 전 세계인이 사용할 수 있게 된 때는 인터넷을 연결할 수 있는 프로그램이 나오고 난 후입니다. 지금 우리가 쓰고 있는 월드와이드웹(World Wide Web)은 1990년 영국의 과학자 팀 버너스리가 연구자들끼리 쉽게 정보를 주고받으려고 만든 것입니다. 우리가 인터넷에서 주소를 입력할 때 'WWW'를 제일 먼저 쓰기로 약속한 것도 팀 버너스리와 동료들이었답니다.

3차 산업혁명은 지식 혁명이라고도 합니다. 통신 속도가 빨라지면서 정보를 정확하게 생산해서 빨리 공유할 수 있는 곳에서 새로운 산업이 만들어졌습니다. 마이크로소프트, 애플, 인텔 등이 3차 산업혁명을 이끈 기업이라고 할 수 있겠죠. 컴퓨터와 네트워크가 결합되면서 엄청난 정보를 생산해 내기 시작했는데요, 지난 2년간 휴대전화로 유통된 전 지구의 정보 생산량은 지난 2000년 역사 동안 누적된 정보량과 맞먹을 정도입니다.

빅데이터와 인공 지능의 시대를 연 4차 산업혁명

그렇다면 현재 펼쳐지고 있는 4차 산업혁명은 우리에게 어떤 변화를 가져다주었을까요. 4차 산업혁명은 사물인터넷(IoT) 클라우드, 빅데이터, 모바일 등의 기술이 핵심이라고 할 수 있습니다. 4차 산업혁명 시대는 '초연결 사회'입니다. 데이터끼리 연결하면서 새로운 산업을 만들어내고, 전

세계인을 하나의 네트워크로 연결한다는 의미입니다.

자고 일어나 다시 잠자리에 들 때까지 엄청나게 쏟아져 나오는 데이터가 이제 새로운 산업을 만들어내고 있어요. 우리가 자주 접속하는 유튜브를 예로 들어볼까요. 2019년 기준으로 유튜브에는 1분 동안 전 세계에서 500시간 이상 분량의 동영상이 올라옵니다. 구글에서 검색하는 키워드는 물론이고 길을 찾을 때 이용하는 내비게이션 등에도 사용자의 발자취가 남겠죠. 이것이 모두 데이터입니다. 데이터를 분석하면 사람들의 소비 패턴은 물론 생활 양식까지 짐작할 수 있습니다.

빅데이터가 인공 지능과 만나면서 체스나 바둑을 두는 프로그램도 개발되었지요. 더 이상 사람이 이길 수 없을 만큼 기술은 발달하고 있습니다. 2016년 3월 이세돌 9단과 알파고의 격돌에서 알파고가 승리하면서 바둑 게임은 AI가 더 잘하게 되었습니다.

이 같은 유비쿼터스 시대의 서막을 알린 사람은 애플의 창업자 스티브 잡스입니다. 2007년 6월 잡스가 스마트폰을 세상에 내 놓은 후 순식간에 전 세계인은 유비쿼터스 라이프 스타일에 빠져들게 되었습니다. 수많은 애플리케이션이 개발되어 '내 손안에 컴퓨터' 스마트폰이 일상화되는 일을 도왔습니다. 마음만 먹으면 필요한 애플리케이션을 직접 만드는 일도 어렵지

유비쿼터스 (UBIQUITOUS)
'언제나 어디에나 있다'는 뜻의 라틴어에서 나온 말이다. 시간과 공간의 제약없이 언제 어디서나 컴퓨터 자원을 편리하게 이용할 수 있도록 현실 세계와 가상 세계를 연결한다는 의미다.

않은 세상이 되었습니다.

　4차 산업혁명의 또 다른 기술 중 하나는 로봇 기술입니다. 더욱 정교해진 로봇 기술이 인공 지능과 연결되면서 사이보그가 등장하는 날도 머지않았다는 전망이 나오고 있습니다. 산업 현장에서 생산을 맡았던 로봇이 음식을 나르고, 피자를 굽고, 몸이 불편한 사람을 돌보기도 하는 등 일상생활 속으로 들어오고 있죠. 자동차에 인공 지능과 통신 기술이 결합되면서 무인자동차가 대량생산될 시기도 다가오고 있습니다.

　4단계로 발전을 거듭한 산업혁명 기간은 인류 역사상 가장 빠르게 발전하고 부가 축적된 시기입니다. 4차 산업혁명에 이르기까지 기술 발전의 속도가 더욱 빨라지고 사이버 세계가 더욱 넓어지면서 인류에게는 새로운 도전과 과제가 생겨나게 되었습니다. 이제 여러분은 지금 이용할 수 있는 기술을 바탕으로 하고 싶은 일이 무엇인지를 생각해봅시다. 세계는 넓고 할 일은 아주 많으니까요.

나는 오늘도 경제적인 하루를 산다

일어나서 다시 잠자리에 들기까지 여러분은 수많은 선택을
하게 됩니다. 나에게 주어진 조건이 무엇인지를 알아야
최고의 선택을 할 수 있겠지요. 선택에 관련된 경제의 기초 이론,
기회비용을 알아봅시다.

4-2 / 사회 / 경제생활과 바람직한 태도

도시쥐가 시골쥐를 집에 초대했습니다. 밭에서 추수하고 떨어진 곡식 알갱이나 주워 먹고 사는 시골쥐의 모습이 답답해 보였던 도시쥐가 자신이 사는 화려한 도시를 구경시켜 주며 뽐내고 싶었던 거죠. 시골쥐는 도시쥐가 이끄는 대로 미로 같은 길을 따라 걷다가 낯선 도시의 한 건물에 도착해 어리둥절한 표정을 짓고 있었습니다. 도시쥐는 시골쥐에게 한 번도 먹어보지 못한 아니 아예 구경도 해보지 못한 진수성찬을 차려주었습니다. 도시쥐가 차려준 어마어마한 밥상에 앉아 음식을 먹고 있는데 갑자기 누

군가 문을 벌컥 여는 게 아니겠어요. 순간 시골쥐와 도시쥐는 혼비백산하여 구멍을 찾아 쏜살같이 달아났습니다.

기척이 사라진 틈을 타 다시 쪼르륵 구멍에서 나와 음식을 먹으려하자 또 다시 누군가 들어와 시골쥐와 도시쥐는 반사적으로 다시 구멍으로 달아났습니다. 시골쥐는 심장이 오그라들 것만 같았어요. 몇 번 그렇게 밥상과 작은 구멍 사이를 왔다갔다 왕복 달리기를 하고 난 시골쥐는 도시쥐에게 이렇게 말했습니다. "맛난 음식이 아무리 넘쳐나도 내 목숨과 맞바꾸고 싶지는 않네. 편안히 밭을 오가면서 떨어진 낟알을 부지런히 모아서 내 양식을 마련하는 게 속이 편하겠네. 잘 있게나." 인사를 마친 시골쥐는 뒤도 돌아보지 않고 시골로 돌아갔어요.

《이솝우화》에 나오는 〈시골쥐와 도시쥐〉의 줄거리입니다. 시골쥐는 왜 맛있는 음식이 넘쳐나는 도시를 마다하고 시골로 떠난 걸까요? 반대로 도시쥐는 왜 위험한 도시에 사는 걸까요.

각자가 선택한 삶이지요. 시골쥐는 여유가 있어 평화로운 시골을 선택했고, 도시쥐는 화려하고 복잡한 도시를 삶의 터전으로 선택했습니다. 도시와 시골이 주는 혜택은 각자의 선택에 의해 장점이 되기도 하고 단점이 되기도 합니다.

한정된 자원과 최선의 선택

경제도 마찬가지입니다. 경제적인 생활을 한다는 말은 스스로 선택을

하면서 자신의 삶을 이끌어가야 한다는 뜻입니다. 그렇다면 어떻게 선택을 해야 할까요. 다시 시골쥐와 도시쥐의 이야기로 돌아가 봅시다.

시골쥐가 도시쥐의 초대를 받아 후한 대접을 받았지만, 맛난 음식을 먹기 위해 목숨을 내놓아야 할 정도로 스트레스를 받으면서 살고 싶지는 않았나 봅니다. 시골쥐는 맛난 음식을 포기하고 쾌적한 시골의 편안함을 선택했습니다. 이때 시골쥐가 포기한 진수성찬을 '기회비용'이라고 합니다. 자신이 포기한 기회에 대한 비용이지요. 여러 가지 선택 조건 중에서 기회비용이 가장 낮은 것을 골랐을 때 합리적인 선택을 했다고 할 수 있습니다.

이처럼, 경제는 선택의 문제입니다. 그 이유는 자원 즉 돈이나 시간이 한정되어 있기 때문입니다. 사람마다 차이는 있지만 무한정 돈이 나오는 것은 아닙니다. 시간 역시 모든 사람에게 24시간이 한정되게 주어집니다. 이 시간을 어떻게 사용하느냐는 경제적인 삶을 살아가는 현대인에게 아주

중요한 것이지요. 드물고 부족하다는 것을 경제에서는 '희소성'이라고 합니다. 아무리 돈을 벌어도 욕심이 채워지지 않으니 우선순위를 두고 결정해야 합니다. 경제 문제란 무엇을 선택하고 무엇을 버릴 것인가를 고민하는 데서 출발합니다.

많은 사람들은 좋은 집에서 좋은 옷을 입고 좋은 자동차를 타고 철마다 여행을 다니고 싶어 합니다. 그러나 돈과 시간이 부족하다면 원하는 대로 누리면서 살아가기는 어렵겠지요. 이때 '선택'을 해야 합니다. 우리는 늘 선택을 하면서 살아갑니다. 한정된 자원에서 최선의 선택을 하는 것이 합리적인 경제활동의 기본입니다.

한정된 돈에 관련된 사례 한 가지를 더 소개하겠습니다. 편의점에 아이스크림을 사러 갔습니다. 내가 가지고 있는 돈으로는 아이스크림을 딱 하나밖에 살 수가 없습니다. 그런데 아이스크림 옆에 놓인 새로 나온 젤리도 먹고 싶어졌어요. 이럴 때 나는 고민에 빠지게 됩니다. "아이스크림을 살 것이냐 젤리를 집어들 것이냐, 이것이 문제로다." 가지고 있는 돈으로 젤리를 샀다면 아이스크림을 먹지 못할 것이고, 그 반대의 선택을 한다면 젤리는 포기해야겠지요. 이때 포기하는 그것 역시 '기회비용'이라고 합니다. 선택을 할 때는 기회비용이 가장 적은 것을 선택해야 현명한 판단을 할 수 있다고 설명했습니다.

이 이야기를 이해했다면, 여러분은 이미 경제생활을 시작한 것이며, 매우 경제적인 하루를 살고 있는 것입니다.

시장에서 경제를 배워요

농부에게는 쌀이 넘쳐나고, 대장장이에게는 쟁기가 남아 돌아요.
내다 팔려고 사람들이 모인 곳에 물건을 쌓아놓자 시장이 형성되었습니다.
쌀이나 쟁기가 너무 많으면 값이 내려가고,
반대로 찾는 사람이 많은데 물건이 부족하면 값이 올라갑니다.
시장에 온 사람들은 화폐라는 약속을 들고 물건을 사러 옵니다.
시장을 형성하는 경제의 기초 지식, 생산과 소비 그리고 화폐를 공부해봅시다.

4-2 / 사회 / 똑똑한 소비자

약 2만 년 전 인류가 처음 농사를 짓기 시작한 시기를 '신석기 시대'라고 합니다. 돌을 갈아 만든 도구로 밭을 갈고 밀과 보리를 심었죠. 들판에서 뛰어다니던 말과 소 그리고 염소, 양, 돼지를 집에서 키우기 시작했습니다. 황소에 쟁기를 매달아 밭을 갈기 시작한 것도 이때랍니다.

농사를 짓기 전에는 사냥을 하거나 나무에서 열매와 이파리를 따거나 땅을 파서 먹을 것을 구하다 보니 아무것도 잡지 못하거나 캐내지 못했을 때는 그냥 굶을 수밖에 없었어요. 그러나 농사가 시작된 이후부터 농부는 밭을 갈고 씨를 뿌리고 황소에 쟁기를 매거나 도구를 만드는 등 계획을 세워 식량 생산량을 늘릴 수 있었습니다. 이처럼 계획에 따라 생산하기 시작했던 1만 년 전부터 인류는 경제활동을 했습니다.

농사를 지으며 마을을 이루고 모여 살게 되니 노동력이 풍부해져 예전보다 수확량이 늘어나게 되었어요. 이제 마을 사람 모두가 농사를 짓지 않아도 되는 시기가 오자, 일을 나눠서 하게 되었습니다. 가축을 잘 키우는 목동, 농사를 잘 짓는 농부, 그리고 사냥을 잘 하는 사냥꾼, 집을 잘 짓는 목수와 같이 각자 잘 하는 일을 나눠서 하는 것을 '분업'이라고 합니다. 이어 예술가, 점성술사, 성직자, 관리, 군인 등으로 일을 더욱 분업화하면서 '직업'이 생기게 되었습니다.

남는 물건과 모자라는 물건을 서로 바꾸는 곳, 시장

이제 모든 것을 한 사람이 해결하지 않아도 되니 농사를 짓는 사람은 농사에만 전념하고, 고기는 어부나 사냥꾼이 잡으면 되었지요. 식량이 많은 농부는 고기가 많은 사냥꾼과 서로 필요한 것을 나누면 되니까요. 점차 나눌 것이 많아져서 나누는 장소도 필요하게 되자, 드디어 시장이 생겨납니다. 필요한 물건을 서로 나누는 것을 '물물교환'이라 합니다. 그릇, 가죽, 항아리와 같은 도구나 생필품을 곡식이나 과일 같은 먹을거리로 바꾸는 것이지요.

2만 년 전부터 사람들은 생산한 것을 소비하고, 남는 것은 서로 바꿔서

살아가는 기본적인 경제활동을 시작했습니다. 농사가 잘 되어 농작물이 넉넉해진 농부는 다른 제품과 바꾸기 위해 시장에 나가서 인심을 쓰게 됩니다. 반대로 가뭄이 들어 농작물이 적어지면 교환할 농작물의 양도 줄어들게 마련입니다. 즉 살 사람은 정해져 있는데 팔 물건이 넉넉하다면 가격이 저렴해지고, 물건이 부족하면 가격이 올라갑니다. 이처럼 생산량에 따라 가격이 올라가고 내려가는 것은 시장경제의 가장 기본 원리입니다.

그런데 100명의 상인이 100개의 물건을 시장에 들고 왔다고 상상해보세요. 물물교환으로 원하는 물건을 구하려면 시간도 오래 걸리고 힘도 들겠지요. 그래서 상인이 물건을 직접 바꾸는 대신 물건을 사는 데 어떤 특정한 물건을 쓰기 시작했습니다. 바로 돈입니다. 돈을 처음 쓸 때에는 형태가 여러 가지였습니다. 조개껍데기(남태평양의 섬), 가죽(동유럽), 그림이 그려진 종이(중국), 금괴 등이 대표적이지요.

금괴 하나로 빵 한 덩이를 산다고 쳐봅시다. 거스름돈을 어떻게 받을까요. 아주 불편하지요. 그래서 2700여 년 전(기원전 7세기) 소아시아 리디아 왕국의 크로이소스 왕이 처음 동전을 만들었습니다. 동전의 한 쪽에 왕이나 황제의 얼굴을 새기고 다른 한 쪽에는 숫자를 새기는 전통이 이때부터 시작되었습니다. 동전에는 강력한 힘이 있다고 믿었던 리디아 왕국 사람들은 동전을 사원에 재물로 바치기도 했어요. 돈이 마법을 부린다고 생각했던 것이죠.

국민은 누구나 세금을 내야 해요

고대 인류의 문명 발상지 4곳은 모두 큰 강 하류의 기름진 땅에 형성되었습니다. 강가에서 농사를 지으면 물을 길러오기 편리하기 때문에 정착해서 농사 짓는 일이 수월했습니다. 그런데 농사는 날씨에 따라 농작물의 생산량이 달라집니다. 비가 안 오면 수확량이 떨어져 농사를 망치게 되고, 비가 많이 오면 농작물이 떠내려갈 수도 있습니다. 그래서 농사를 잘 지으려면 주변 시설을 잘 갖춰야 합니다. 저수지에 물을 가둬놨다가 가뭄이 들면 저수지 물을 길어다 쓰고, 비가 많이 오면 빗길을 내 주어야 했습니다. 그런데 저수지나 물길을 만드는 공사는 몇 사람의 힘으로 완성할 수 있는 것이 아니어서, 공사를 효율적으로 진행하려면 강력한 힘이 필요했습니다. 부락과 부락이 합쳐져 국가가 생기게 되었지요.

5000여 년 전 수메르 사람들이 유프라테스강과 티그리스강 사이에 위치한 메소포타미아 평원에 성벽을 둘러 국가를 만들고 적의 침입을 막았어요. 적을 물리치려면 군인이 필요했고 군인의 월급을 주기 위해서는 국가가 운영할 돈이 필요했습니다. 그래서 농부, 상인, 수공업자들에게 돈을 거두어 국가를 지키는 군인의 월급을 주었습니다. 그 외에도 성벽을 정비하거나 도로를 놓는 등 국민을 위한 용도로 사용했겠지요. 바로 세금의 탄생입니다. 그때부터 지금까지, 그리고 앞으로도 세금은 나라의 살림에 꼭 필요한 돈입니다.

그런데 언제부터 개인이 재산을 소유할 수 있게 되었을까요. 2500여 년 전(기원전 5세기) 아테네에서 처음으로 개인의 재산을 인정하기 이전까지는 사유재산을 사람의 마음을 욕심스럽게 하는 원인으로 보고 금지했거든요. 그러나 사유재산을 인정하고 보니, 더욱 창의적인 사고방식으로 정당하게 돈을 버는 사람들이 많이 나타났습니다. 사업가라 불리는 사람들입니다. 실제로 그리스 도시국가들 중에서 사유재산을 인정했던 아테네의 경제는 눈부시게 성장했습니다.

그리스 철학자 아리스토텔레스는 이렇게 말했습니다. "누구나 각자 자기 물건을 가지고 자신을 돌볼 수 있게 된다면 다른 사람과 싸울 일이 없다. 또한 모든 사람이 자기가 가진 것에 관심을 가지고 자기 재산을 늘리기 위해 열심히 일하게 되니 국가도 더욱 번영한다."

아리스토텔레스의 이 같은 철학은 현대 자본주의 발전의 근원이 되었어요. 여기에 한 가지 전제가 되어야 할 것이 있습니다. 정치적으로 민주주의가 확실하게 자리 잡아야 한다는 것! 누구나 평등하게 기회를 얻어 자신이 하고 싶은 일을 하면서 전문가로 성장할 수 있는 정치적인 뒷받침이 되어야만 자본주의도 꽃피울 수 있습니다.

힘센 에너지 원자력

세상에서 가장 무거운 원소는 우라늄입니다.
핵분열로 엄청난 힘을 내는 원자력은 에너지를 생산해 내는
발전소가 되어 우리 삶을 편리하게 해주고 있어요. 그러나 한꺼번에
수십만 명의 목숨을 앗아가는 폭탄으로 둔갑하기도 합니다.
악마와 천사 두 얼굴을 가진 원자력을 소개합니다.

5-2 / 사회 / 환경과 조화를 이루는 국토

"세상의 모~~든 것은 원자로 이루어져 있다."

고대 그리스의 철학자 데모크리토스가 한 말입니다. 연필, 지우개, 샤프 등은 물론 인간의 몸도 쪼개고 쪼개면 아주 작은 원자 알갱이로 이루어져 있습니다. 그런데 18세기 이후 과학의 발전으로 원자도 쪼갤 수 있다는 사실을 알게 되었어요.

모든 물질은 제각기 특성이 달라 서로 구별할 수 있습니다. 소금과 설탕이 짜고 단맛을 내는 이유도 물질의 특성이 다르기 때문이죠. 물질의 성질

이 변하지 않을 때까지 쪼개어 나온 최소 단위의 알갱이를 분자라고 합니다. 즉 분자는 어떤 물질의 특성을 가진 가장 작은 성분이지요. 분자는 너무 작아서 특수한 전자현미경으로 들여다봐야 합니다. 1억 분의 1㎝ 크기로 쪼갤 수도 있으니까요.

물(H_2O)은 수소 원자 2개와 산소 원자 1개가 만나 만들어진 것이지요. 공기는 산소와 질소로 이루어져 있습니다. 이처럼 물질을 이루는 원소는 2015년 기준으로 지구상에 118개가 있습니다. 그중 가장 가벼운 원소는 수소, 두 번째로 가벼운 원소가 헬륨이에요. 헬륨의 가벼운 성질을 이용하면 커다란 기구를 띄울 수도 있습니다. 석탄을 만드는 원소는 탄소인데요, 여섯 번째로 가벼운 원소입니다.

원자력 에너지에 대해 다시 생각해 보아요

그렇다면 가장 무거운 원소는 뭘까요? 원자력 에너지를 만드는 우라늄입니다. 이전까지 원자는 물질의 최소 단위라고 알고 있었어요. 그런데 더 이상 쪼개지 못한다고 생각했던 원자를 더 쪼갤 수 있다는 사실을 과학자들이 밝혀냈어요. 원자 가운데 원자핵이라는 단단한 알맹이와 그 주위를 전자들이 돌고 있다는 사실을 알게 된 거죠. 원자핵 주변에 전자가 적을수록 원소가 가벼워지겠죠. 즉, 수소는 원자핵 주변에 가장 적은 전자가 돌고 있어 가장 가벼운 원소로 이름을 얻었습니다.

다시 우라늄 이야기로 돌아가, "정말로 우라늄이 가장 무거운 원소일까?"라는 의문을 품은 과학자들은 우라늄에서 새로운 원소를 발견할 수 있을 것이라 믿고 열심히 연구했어요. 더 무거운 원소를 찾으려고 시도했지만, 더 무거운 것은 나오지 않고 핵이 두 개로 분리된다는 사실을 알게 되었죠. 과학자들은 이를 '핵분열이 일어난다'고 결론을 내렸습니다.

이때 신기한 일이 일어났습니다. 핵분열이 일어나면서 엄청난 열이 발생했습니다. 핵분열과 동시에 알갱이들이 강제로 떨어져 나오며 큰 에너지가 발생하는 것이죠. 게다가 엄청난 양의 방사선이 발생한다는 것도 알게 되었습니다.

미국에서는 우라늄의 핵분열을 활용해 폭탄을 만드는 연구를 했습니다. 1945년 8월 '맨해튼 프로젝트'라는 이름 아래 비밀리에 만든 원자폭탄을 일본의 히로시마와 나가사키 두 곳에 떨어뜨렸어요. 폭탄이 떨어지고 수 초 내로 죽은 사람이 7만 명에 이르렀습니다. 그때 히로시마와 나가사키의 인구 절반이 몇 초 내에 사망한 것이지요. 폭탄이 떨어진 뒤 퍼진 방사능으로 두 도시는 수십 년간 생명이 살 수 없는 땅이 되었습니다. 전쟁이 끝난 후 폭탄을 만드는 데 참가했던 과학자들은 원자폭탄을 만들어서는 안 된다고 결정하게 되었고, 원자력 에너지를 인류 복지를 위해 평화롭게 사용하는 방법을 연구하기 시작했습니다.

원자력 발전소가 대표적인데요, 원자력은 석탄이나 석유보다 엄청 싼 값에 전기를 만들 수 있지만, 전기를 만들어내는 원자로에서 방사능 물질이 나오는 것을 막기 위해 다섯 겹의 콘크리트로 둘러싸야 합니다. 그러니 결과적으로 발전소를 짓는 비용이 엄청나게 비싸다는 단점이 있습니다. 또 방사성 폐기물에서 엄청난 방사능이 유출되어 보관하는 비용까지 따진다면 절대 가격이 싸지 않습니다.

1986년 러시아의 체르노빌 원자력 발전소, 2011년 후쿠시마 원자력 발전소 등에서 사고가 터져 그 지역은 사람이 살 수 없는 땅으로 변해 버렸습니다. 방사선에 피폭된 사람들이 암에 걸리는 등 최근 심각한 사회적 문제로 떠오르면서 원자력을 계속 사용해야 하는지에 대한 논란이 아주 뜨겁습니다. 이제는 원자력 발전소를 더 이상 지어서는 안 된다는 시민들의 목소리가 커지고 있어요.

다섯 겹으로 원자로를 감싼다고 방사능이 나오지 않을까요. 수치상 우리나라의 원자력 발전소에서는 아직 안전을 위협할 수치는 나오지 않았습니다. 그러나 아무리 관리를 잘 한다고 해도 작은 실수나 예방할 수 없는 사건이 터졌을 때 인류의 미래에 엄청난 피해를 주는 물질이라면 구태여 계속 사

피폭(被曝)
방사선에 노출되는 것을 일반적으로 피폭이라고 하며, 생물에 막대한 악영향을 끼치게 된다. 원자력 발전소에 사고가 나서 방사성 물질 덩어리가 뿜어내는 방사선을 쐬게 될 수도 있고, 방사성 물질이 공기 중에 퍼져 호흡 과정에서 흡입할 수도 있다. 영어로는 Exposure라고 한다.

원자로
핵이 분열할 때 발생하는 열을 모아 전기 에너지를 생산하는 데 쓰거나, 중성자 혹은 방사선과 같은 물질을 과학적으로 연구하기 위해 만든 장치다. 핵이 반응하는 장치라고 해서 영어로는 Nuclear Reactor라고 한다.

용해야하는지 의문은 여전히 남아있어요.

   선진국에서는 에너지를 아껴 쓰면서 점차 원자력 발전소를 없애나가겠다고 국가 차원에서 에너지 정책을 세우고 있습니다. 인간의 욕망이 만들어낸 원자력이 인간에게 해를 끼치는 부메랑이 되어서는 안되겠지요. 소중한 전기를 아껴 쓰기 위해 노력합시다.

재생 에너지, 인류의 미래를 부탁해!

사람이 살아가는 데 에너지가 없으면 안 되듯이, 현대 사회에서 전기와 물 또한 필수 에너지입니다. 그동안 자연환경을 파괴시켜가면서 도시를 만들고 공장을 짓는 데 온 힘을 모았다면, 이제는 자연과 더불어 살아가면서 지구를 더욱 건강하게 만들어야합니다. 그렇다면 어떤 에너지를 사용해야 할까요.

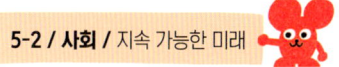

5-2 / 사회 / 지속 가능한 미래

누구나 맑은 공기를 마시며 살고 싶어 합니다. 그런데 말이죠. 누가 공기를 더럽힐까요. 바로 인간입니다. 200여 년간 개발해 온 수많은 과학 기술이 우리 생활을 편리하게 해주었지만, 안타깝게도 공해 물질이 덩달아 나오게 되었습니다. 석유나 석탄으로 전기를 만드는 화력 발전소의 굴뚝에서 내뿜는 나쁜 물질, 공장이 모여 있는 단지의 굴뚝에서 나오는 연기, 그리고 교통수단인 자동차의 매연 등등이 뒤섞여 공기 중에 둥둥 떠다니다보니 공기 질이 나빠지는 것이죠.

나쁜 물질 중에는 탄소가 빠지지 않습니다. 공기 중에 탄소가 많아지면 지구의 온도가 높아집니다. 이런 현상을 지구온난화라고 하죠. '지구가 따뜻해지면 좋은 거 아니야?'라고 생각할 수 있어요. 하지만 북극의 얼음이 모두 녹아버리면 지구 해수면이 높아져 육지가 물에 잠겨버릴 수도 있습니다.

지나치게 탄소를 내뿜었던 인간이 공기를 더럽히는 주범이니, 그 해결책도 우리가 찾아야겠지요. 공기 질은 물론이고 인간에게 가장 필요한 물이 오염되는 것도 막아야 합니다. 강과 호수 그리고 바다가 썩게 된다면, 더 이상 사람들은 지구에 살 수 없게 됩니다.

급기야 18세기 산업혁명으로 산업이 발전하면서 환경오염 문제를 겪었던 선진국들은 탄소 배출량을 제한하자고 약속을 했어요. 2015년 유엔기후변화회의에서 약속한 '파리협정'☀이 그 약속이랍니다. 그리고 탄소 에너지는 적게 쓰고, 재생 에너지 생산에 노력하기로 뜻을 모았습니다. 아직은 석유를 쓰는 화력 발전에 비해 돈은 많이 들고 생산량은 적지만 인류의 미래를 위해서는 정말 열심히 연구해야 할 분야입니다. 대표적인 재생 에너지를 살펴볼까요.

파리협정
2015년 12월 12일 파리에서 열린 유엔 기후변화회의에서 채택된 조약이다. 2016년 11월 4일부터 포괄적으로 적용되는 국제법으로서 효력이 발효되었다. 온실가스 배출 세계 7위에 올라있는 한국은 2030년까지 37%의 온실가스 감축을 목표로 세우고 동참하고 있다.

태양열

태양은 따뜻합니다. 엄청난 에너지를 사람들에게 전해줍니다. '한여름 뜨거운 태양이 주는 에너지를 모았다가 해가 사라진 저녁에도 따뜻하게 그 에너지를 쓸 수 있으면 얼마나 좋을까.'라고 생각한 인류의 오랜 바람은 태양 에너지 발전소를 통해 이루어졌습니다.

햇빛을 모으면 종이도 태울 수 있는 원리를 이용해서 볼록 렌즈로 태양 에너지를 모읍니다. 널찍한 집열판을 이용하면 더 많은 빛을 모을 수 있겠지요.

최근에는 태양열을 이용해 지은 집이 늘어나고 있습니다. 지난 2015년 경상북도 구미시에서 처음으로 태양열 주택단지를 만든 이후 서울시 풍납동은 물론 경기도 용인시 등 전국 곳곳에서 태양열 주택단지가 건설되고 있습니다. 아직은 태양열을 모으고 전기를 만드는 시설이 작은 규모지만, 기술 개발을 계속해나간다면 원가 제로의 태양열을 마음껏 이용해 전기를 만들 수 있게 될 것입니다.

수소 에너지

2019년 12월 24일 세종시에 국내 처음으로 수소차 충전소가 문을 열었어요. 수소로 에너지를 만든다고? 수소는 공기 중에 떠다니는 기체인데 어떻게 수소로 에너지를 만들어내는 걸까?

수소(hydrogene)라는 이름은 라틴어 Hydro(물)에 접미사 -gen(만들다)을 합성해서 만든 단어로 '물에서 만들어진 기체'라는 뜻이 있습니다. 약 200년 전, 인류는 처음으로 공기에서 수소를 분리해냈습니다. 그 주인공은 영국의 과학자 헨리 캐번디시(1731~1810년)입니다. 그는 아연과 염산을 섞어서 세계 최초로 순수한 수소를 뽑아내는 데 성공했거든요. 1776년 캐번디시는 유리병에 묽은 황산과 아연을 섞어 기체를 추출했습니다. 바로 수소였어요. 그는 수소가 가벼우면서도 불에 잘 타는 성질을 띠고 있다는 사실까지 발견하게 됩니다.

인류 최초의 내연 기관도 수소 연료였다는 사실! 리바츠라는 과학자가 아이디어를 냈고, 1820년 세실이라는 과학자가 처음 시도했지만 너무 무거워서 실제 사용하지는 못했어요. 약 100년이 지난 후 독일에서 수소를 이용한 비행선을 만들어 대서양을 횡단했습니다. '그라프 체펠린'✹ 비행선입니다. 이 비행선에는 동력 장치와 방향 조절 장치가 있어 공중에 떠있으면서

> **그라프 체펠린**
> 20세기 초의 비행선 이름으로 독일 기구 개척자인 페르디난트 폰 체펠린의 이름에서 따왔다. 전체 길이 236.6m, 부피는 10만5000㎥로 그 당시 가장 큰 비행선으로 1928년 9월 18일 처음 비행에 성공했다. 이 비행선에는 60톤의 짐을 실을 수 있었다.

방향을 조절할 수 있었습니다.

자동차의 연료를 수소로 사용하려면, 휘발류 탱크와 같이 에너지를 보관하는 역할을 하는 전지가 있어야 합니다. 전기 자동차도 같은 형식이랍니다. 수소 연료를 저장하는 전지 개발에 성공하고 대량생산을 위해서 현대자동차 등 우리나라 대표 자동차 회사가 수소 자동차 개발에 박차를 가하고 있습니다. 지금은 뉴스에 나올 정도로 신기한 일이지만 수소가 재생에너지의 대표주자가 되는 날도 멀지 않았습니다.

풍력

네덜란드를 떠올리면 커다란 풍차가 생각납니다. 지금은 멋진 볼거리로 남아있지만 옛날에는 풍차가 바람으로 날개를 돌려 전기를 만드는 작은 발전소였습니다. 바다보다 땅이 낮은 네덜란드에서는 육지로 들어오는 바닷물을 뿜어내는 데 쓰였어요. 고대 페르시아에서도 풍차로 낮은 곳의 물을 끌어올려 곡식을 빻기도 했어요. 풍차를 영어로 윈드밀(windmill)이라고 하는데, 바람(wind)+맷돌(mill)의 복합어랍니다. 우리말로 바꾸면 바람맷돌쯤 되겠네요.

바람이 세게 불면 풍차에 달린 날개는 더 세게 돌겠죠. 날개가 빨리 돌수록 강력한 힘이 생기게 됩니다. 이 힘으로 터빈※을 돌리고 전기를 만들죠.

> **터빈(TURBIN)**
> 기체나 액체의 흐름에서 에너지를 뽑아내는 회전 기관. '소용돌이'라는 뜻의 라틴어 (turbo)에서 빌려와서 지은 이름이다. 풍차는 바람의 힘으로 회전시키는 터빈의 일종이다.

주로 바닷가 혹은 산등성이 너른 땅에 풍력 발전소가 세워지는 이유입니다. 우리나라에는 바람이 많이 부는 대관령과 제주도에 거대한 바람개비가 돌아가는 풍력 발전소가 있습니다. 풍차의 나라 네덜란드는 국가 전체가 사용하는 전기의 5분의 1을 풍차로 만들고 있습니다. 우리나라에서도 인천 등 바닷가에 풍력 발전소를 세워 바람을 이용한 재생 에너지 개발에 힘쓰고 있습니다.

바다 에너지

바다는 에너지의 보물창고랍니다. 태풍이 불어 파도가 치면 엄청난 에너지가 생깁니다. 밀물로 파도가 높을 때 물을 받아두었다가 썰물이 시작되면 낮은 곳으로 한꺼번에 쏟아내어 에너지를 만들게 됩니다. 이런 밀물과 썰물의 낙차, 즉 조수간만을 이용한 방법이 조력 발전입니다. 우리나라 서해안은 밀물과 썰물로 생기는 해수면의 높이 차이가 큰 편이라서 조력 발전소를 만들기 좋은 환경 조건을 갖추고 있습니다. 2011년 시화호에 세계 최대 규모의 조력 발전소가 문을 열고 같은 해 8월부터 전기를 생산하고 있습니다. 50만 가구에 전력을 공급할 수 있는 세계 최대 규모의 조력 발전소입니다.

세계에서 가장 오래된 조력 발전소는 어디일까요. 프랑스의 랑스강 유역에 위치한 랑스 조력 발전소입니다. 1966년부터 가동된 세계 최고(最古)의 조력 발전소인데요. 이곳에서는 조수를 예측할 수 있는 기술을 도입해 에너지 손실을 최소화하는 등 끊임없는 연구를 계속하고 있습니다.

바이오 에너지

인간은 살아가면서 끊임없이 쓰레기를 만들어냅니다. 조금이라도 쓰레기를 줄이려면 플라스틱, 병 등을 분리해서 재활용을 해야 한다는 사실은 너무 잘 알고 있을 거예요. 도시는 물론 농촌에서도 곡물이나 농작물을 수확할 때 곡물 알갱이와 열매 등 먹을 부분을 빼고 나면 대부분은 쓰레기가 된답니다. 소나 돼지 등 가축을 키우면서 발생하는 엄청난 똥과 분비물은 또 어떻게 해야 할까요.

넘쳐나는 쓰레기도 에너지가 될 수 있습니다. 바로 바이오 에너지입니다. 동물의 배설물이나 식물을 발효할 때 나오는 메탄 가스나 알코올이 바이오 에너지로 변신합니다. 이제 바이오 에너지를 만들기 위한 장치 개발에 세계의 과학자들이 머리를 맞대고 있어요. 그러나 아직 해결해야 할 문제가 남아있는 재생 에너지이기도 합니다. 기술 개발이 더욱 필요한 분야죠. 바이오 에너지를 생산하려면 쓰레기가 있어야 하는데 버리는 쓰레기를 모으는 일이 쉽지 않아 산림을 파괴하는 경우도 있습니다. 아직은 확산되지 않은 재생 에너지 기술이지만, 획기적인 연구 개발로 새로운 방법을 찾아낸다면 크게 발전할 수 있는 분야입니다.

기본소득은 나의 권리

일을 못하게 되어도 국가가 최소한의 소득을 보장한다면 불안감이 줄어들겠지요. 로봇과 인공 지능과 같은 첨단 기술이 일자리를 위협하고, 바이러스가 인간의 생명을 위협하는 시대. 기본소득은 미래를 준비하는 디딤돌이 됩니다.

6-1 / 사회 / 변화하는 세계 속 우리

2020년 코로나19 바이러스 감염증(COVID-19)으로 전 세계 경제가 곤두박질을 치게 되었습니다. 미국은 물론 우리나라에서도 일자리를 잃은 사람들이 속출했어요. 우리나라에서는 하루에 실업 급여를 신청한 사람이 6100명에 이르는 날도 있었습니다. 전 세계 주요 국가들은 위기를 극복하기 위해 재난 안전 지원금을 국민에게 나눠주는 정책을 펼쳤습니다. 우리나라도 코로나19 바이러스 감염증으로 경제적으로 어려움을 겪는 국민들을 위해 재난 기본소득을 지급하였습니다. 국민의 삶을 보호하고 국가의

경제적 위기를 극복하기 위해 지금까지 한 번도 써보지 않았던 대책들을 긴급하게 추진했습니다. 국가의 역할이 어느 때보다 중요한 시기가 되었습니다. 변화의 시기에 인간의 존엄을 유지하면서 동시에 국가의 경제적인 위기를 최소화할 수 있는 기본소득 제도를 알아봅시다.

가난한 사람이 늘면 부자도 행복할 수 없어요

옛날 어느 섬나라에서 도둑을 없애야겠다 결심한 왕이 엄격한 법을 정했습니다. 사소한 물건이라도 훔치는 자는 교수형에 처하겠다고 선언한 것이지요. 그런데 왕의 예상은 빗나갔습니다. 도둑이 사라지기는커녕 범죄가 계속 늘어나고, 예전에 없던 남의 것을 훔치면서 흉기를 휘두르는 난폭한 강도 사건까지 발생하는 게 아니겠어요. 도둑질을 하지 않으면 굶을 수밖에 없을 지경에 이른 가난한 사람들이 목숨을 유지하려고 남의 것을 훔쳤던 것이랍니다. 그 나라의 현명한 학자가 왕에게 고했습니다. "죄를 저질렀다고 해서 사람의 목숨을 무참하게 거둬버린다면, 가진 자가 만든 법으로 가난한 사람을 억압하는 악법에 불과합니다. 도둑질을 왜 하는지, 어떻게 하면 그들이 도둑질을 하지 않고도 살 수 있을지 등 그 원인을 찾아야 합니다. 강압적인 법을 내세운다고 정의가 실현되는 것은 아닙니다."

16세기 영국의 법률가이자 정치가이며 기독교 성인이었던 토마스 모어가 쓴 소설 《유토피아》에 나오는 이야기입니다. 행복하고 안전한 나라를 만들기 위해 엄격한 형벌을 내려야 한다 믿었던 왕의 판단과 달리, 남의

것을 훔칠 수밖에 없는 가난한 사람들이 늘어날수록 범죄가 더 늘어났던 것이죠. 가난한 사람도 존엄성을 유지하면서 살아가려면 누군가 경제적으로 도움을 주어야 합니다.

이 같은 역사적인 배경으로 만들어진 제도가 '사회보장제도'입니다. 서양에서는 민주주의와 자본주의가 기틀을 잡으면서 모든 사람은 평등하다는 공감대가 형성되었습니다. 그래서 사회보장제도가 필요하다고 일찍부터 생각했지요. 건강보험, 실업보험, 퇴직연금 등이 이렇게 탄생하게 되었죠.

사회보장을 국가의 제도로 처음 도입한 나라는 독일입니다. 19세기 독일제국의 수상 비스마르크가 통치하던 시대였어요. 보수파였던 그는 가난한 사람들이 늘어나면서 사회 전체에 불안감이 번져나가자 국가의 안전을 유지하기 어렵다고 판단했어요. 당시 노동자들은 저임금에 시달렸고 일하다 다쳐도 아무 대책이 없었으며, 일자리를 잃으면 온 가족이 길거리로 나앉아야 할 지경이었습니다.

노동자들의 불안감이 커지면 국가에 위협적인 세력이 될 수 있다는 판단에 비스마르크는 건강보험(1883년), 산업재해보험(1883년), 노령연금(1889년), 장애인 연금보험(1889년) 등을 차례로 도입했습니다. 조금 늦었지만 우리나라 역시 1964년 산재보험 도입을 시작으로 국민건강보험(1977년), 국민연금보험(1988년), 고용보험(1995년)을 도입해 4대 사회보험 제도를 시행하고 있습니다. 모든 국민을 보호해야 하는 것은 국가의 의무이기도 하니까요.

기본소득으로 모두가 행복할 수 있을까

4차 산업혁명으로 로봇과 인공지능을 더욱 많이 활용하게 되면 일자리에도 변화가 생기게 됩니다. 단순반복적인 노동은 기계가 대신 하는 시대가 되었습니다. 일자리가 없어질까 두려워하는 사람들이 많이 늘어나게 되겠지요. 사회의 경제 구조가 바뀌면서 이에 대응하지 못하는 사람들이 늘어난다면 국가가 복지 정책을 더욱 확대해 나가야 합니다. 대표적인 제도로 기본소득이 있습니다. 기본소득은 일을 하지 않고도 국가가 국민들에게 현금을 지원하는 형식으로 운영됩니다.

"일 안하고 돈 받으면 좋겠다"는 생각이 스쳐지나갈 수도 있겠죠. 인간은 자신의 정체성을 찾고 스스로 행복해지기 위해 자기가 좋아하는 일을 할 수 있어야 합니다. 스스로 보람을 찾아야만 인간은 행복해지니까요. 개인에게 잠시 경제적인 위기가 찾아와도 그 시기 동안 최소한의 생활비를 국가가 지원함으로써 자신이 원하는 일을 하면서 행복해질 수 있도록 도와주는 제도가 기본소득입니다. 이미 핀란드를 비롯해 스페인, 캐나다 등 여러 나라에서 변화하는 사회 구조에 맞는 복지 제도를 운영하기 위해 기본소득을 실험하고 있습니다.

물론 지구상에 완벽한 조건으로 기본소득을 운영하는 나라는 아직 없어요. 그러나 과학 기술이 발전할수록 로봇이 인간을 대신해서 노동을 하게 되면 기본소득을 포함한 국가의 복지 제도는 더욱 다양하게 이루어져야겠지요. 경제협력개발기구(OECD)는 2019년 제출한 보고서에서 디지털화와 자동화로 현재의 일자리 중 46%가 줄어들 것이라고 예상했어요. 신입사원으로 회사에 들어가 퇴직할 때까지 한 직장에서 일하던 때가 있었지만, 이제 그런 시대는 지났습니다. 게다가 OECD는 일을 하고도 받는 월급이 앞으로 크게 오르지 않을 것이라고 전망했습니다. 자동화, 기계화로 경제적 자립이 어려워지는 계층이 더욱 늘어날 수 있다는 경고이기도 하지요. 이들이 인간의 존엄성을 유지하면서 살기 위해 필요한 재정적 지원을 하는 제도가 기본소득입니다.

더불어 함께 사는 사회

그럼, 돈은 어디서 마련해야 할까요. 당연히 세금에서 충당해야죠. 선진국에서는 소득에 비례해서 세금을 거두고 있고, 우리나라에서도 이 같은 목소리가 높아지고 있어요. 부자들이 반발하면 어떻게 해야 할까요. 속으로 '내가 어떻게 번 돈인데!'라고 하면서 세금을 내지 않기 위한 꼼수를 부릴 수도 있겠지요. 부자들이 사회의 문제 해결에 책임을 져야 하는 이유는 여러 가지가 있습니다. 19세기 독일제국의 수상 비스마르크는 보수주의임에도 불구하고 사회보장제도를 세계 최초로 도입했습니다. 그 이유를 다시 한번 되새겨볼까요. 가난한 사람들이 사회에 넘쳐나면 나라를 유지하기가 어려워진다는 판단에서였지요. 부자들만이 살 수 있는 나라는

없습니다. 이웃이 가난하든 말든 담벼락을 높이 세우고 홀로 잘 살 수 있는 나라를 어떻게 만들겠어요. 마이크로소프트의 창업자 빌게이츠는 로봇으로 인간을 대체하는 기업이 버는 이익에 대해 '로봇세'를 거둬야 한다고 주장했어요.

페이스북의 창업자 마크 저커버그는 하버드 대학교 졸업식 연설에서 기본소득이 필요하다면서 이렇게 말했다고 하네요. "미래에는 GDP(국내 총생산량) 같은 척도가 아니라 사람들이 얼마나 다양하고 가치 있는 일에 종사하느냐가 중요한 지표가 될 것이다. 사람들의 삶에 쿠션을 제공하기 위해 기본소득이 필요하다. 물론 나 같은 사람이 돈을 내야 한다."

전기자동차 테슬라의 최고경영자 일론 머스크도 로봇에 의한 자동화로 일자리를 잃게 될 사람들이 새로운 일에 도전할 수 있으려면 기본소득이 필수가 될 것이라고 말했어요.

이처럼 서양의 부자들은 자신이 거둔 소득을 사회에 환원해서 공동체와 더불어 살아가야 한다는 철학을 가지고 있어요. 부자가 되기까지 나 홀로 돈을 벌어들인 것이 아니기 때문이랍니다. 부자가 되어 함께 살아가야 한다는 철학을 가지고 실천하는 부자가 더 많이 늘어날수록 우리 사회는 더 살기 좋은 사회가 되겠지요.

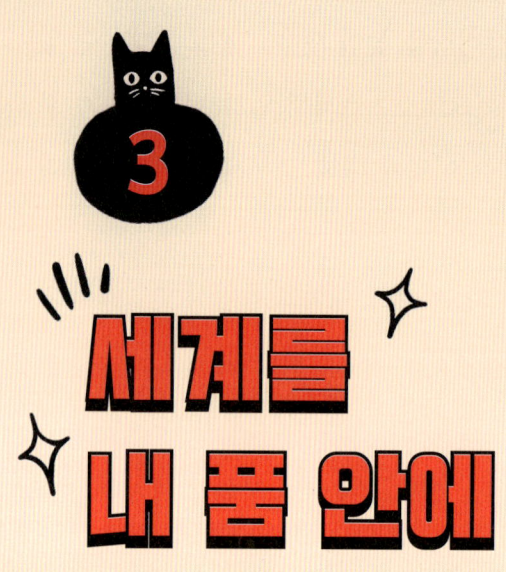

3
세계를 내 품 안에

사이버 세계에도 있을 건 다 있다

IT 기술의 발전과 광통신망 구축으로 전 세계가 내 손안에 들어왔습니다. 언제든 접속하면 새로운 세계가 펼쳐집니다. 현실 속으로 들어온 가상의 세계, 사이버 세계에도 선과 악이 존재합니다. 여러분은 어느 편에 서겠습니까.

5학년 / 도덕 / 밝고 건전한 사이버 생활

여러분은 아주 어릴 때부터 스마트폰을 이용해왔지요. 스마트폰으로 사이버 세계에 접속하는 일이 아주 자연스러운 세대입니다. 이른바 디지털 네이티브  세대입니다. 우리말로는 '디지털 원주민'이라고 번역해서 쓰고 있지요.

디지털 네이티브
(DIGIAL NATIVE)

디지털 네이티브는 미국의 교육학자 마크 프랜스키가 2001년 발표한 논문에서 처음 쓴 용어다. 아주 어릴 때부터 디지털 언어와 컴퓨터, 스마트폰과 같은 디지털 장비를 자유롭게 사용해 마치 원어민이 모국어로 말하는 것처럼 디지털 디바이스를 자연스럽게 쓴다는 의미다.

인터넷 시대가 펼쳐지게 된 시기는 언제일까요. 1991년 미국의 부통령 앨 고어는 정보화고속도로라는 이름을 걸고 초고속 통신망을 건설해 전 세계를 광케이블로 네트워크화 하겠다는 정책을 발표합니다. 우리나라는 미국의 변화를 발빠르게 받아들여 1994년 김대중 대통령 시절 국가 차원에서 정보고속도로를 건설하겠다는 목표를 세우고 광통신망을 구축하기 시작했지요. 그 덕분에 2000년대 초 한국에서는 벤처 붐이 일기도 했습니다. 국내 대표적인 포털사이트 네이버, 다음커뮤니케이션은 물론 넥슨, 엔씨소프트 등 여러분들에게도 익숙한 기업들이 모두 그때 창업을 했습니다.

사이버 스페이스의 문이 활짝 열리다!

지금 우리나라는 모바일 세계로 빠르게 움직이고 있어요. 정보 검색은 물론 전자상거래에 이르기까지 일상생활의 대부분이 내 손안에서 뚝딱 이루어지고 있습니다. 네트워크로 접속하면 또 다른 세상이 펼쳐집니다. 현실이 아닌 가상✹의 공간이라고 해서 이곳을 사이버 스페이스(cyberspace)라고 하지요.

사이버 스페이스는 1984년에 나온 SF소설 《뉴로맨서》에서 처음 나온 단어로, 인공두뇌학(cybernetics)과 공

> **가상(假象)**
> 현실이 아닌데도 현실적인 것처럼 보이는 모습을 의미한다. 현실에서 많은 사람들이 오랜 세월 유지해 온 약속이나 규칙이 통하지 않을 수도 있다. 여러 사람의 의사결정이 필요 없기 때문에 혼자서 마음대로 판단해 현실과 어긋나는 모습을 만들어 낼 수도 있다.

간(space)의 합성어랍니다. 현실이 아닌 뇌 속에서 펼쳐지는 또 다른 세계라는 의미입니다.

사이버 스페이스의 특징을 소개하겠습니다.

첫 번째, 정보의 양이 많아집니다. 현실 세계에서 정보를 수집하려면 사람을 만나서 질문하고 듣고 기록하거나 신문이나 책을 찾아서 읽어야겠지요. 시간이 많이 걸리고 얻을 수 있는 정보의 양도 제한될 수밖에 없습니다. 하지만 사이버 스페이스로 접속하면 정보의 양은 무한대로 늘어납니다. 우리나라는 물론 전 세계로 연결할 수 있으니 정보의 종류도 다양해지겠지요.

두 번째는 정보를 쉽게 교환할 수 있습니다. 여러분은 온라인에서 기사를 읽고 곧바로 댓글을 달 수 있어요. 관심 있는 내용에 대해서는 상대방에게 이메일이나 문자를 보낼 수도 있구요. 또 내가 원하는 경우에는 정보를 직접 만들어 게시하여 많은 사람과 공유할 수도 있습니다.

아주 옛날에는 정보를 가진 자가 곧 힘을 가진 자였지만, 현대 사회에는 정보를 잘 다루는 자가 힘을 가진 자가 될 수 있습니다. 예를 들어볼까요. 학교 선생님이 온라인으로 숙제를 내준다면, 네트워크에 접속할 수 있는 도구만 있다면 누구나 쉽게 숙제를 할 수 있지요. 사이버 스페이스가 열리면서 정보 공유는 더욱 쉬워져 더 많은 사람에게 평등하게 고루 배포될 수 있습니다. 물론 전제 조건이 있습니다. 어디서나 네트워크에 연결할 수 있어야 하고, 남녀노소 누구나 접속할 수 있도록 해야 합니다. 공공의 시설인 만큼 국가가 나서야겠지요.

세 번째는 가상의 인물로 살 수 있어요. 현실에서의 내 모습이 아니라 마음 속 어떤 인물을 내세워 사이버 스페이스에서 생명을 불어넣을 수 있습니다. 만약 나쁜 생각으로 세상에 해를 끼치는 가상의 인물을 만든다면 어떻게 될까요. 현실 사회에서는 분명히 나쁜 행동이라고 많은 사람들에게 꾸지람을 듣겠지만, 사이버 세상에서는 자신을 둘러싼 주변 인물들이 나쁜 행동을 부추기는 경우도 있습니다. 영웅이 된 듯 착각에 빠져 더 나쁜 행동을 할 수도 있구요. 그래서 현실 세계와는 다른 나로 살아갈 수도 있습니다.

사이버 스페이스에서는 현실의 세계에서 벌어지는 일이 비슷한 모습으로 나타날 수도 있습니다. 인간이 만들었기 때문이지요. 세상에는 좋은 사람이 있는가 하면 나쁜 사람도 있듯이 말입니다.

사이버 세계에도 좋은 마음이 필요해요

2020년 코로나 19 바이러스 감염증(COVID-19)이 전 세계를 뒤덮었습니다. 전염성이 너무 빠른데 치료약이 없으니 '사회적 거리두기'가 전염을 차단하는 임시 해결책이었지요. 온라인 개학이라는 역사상 최초의 일이 벌어졌습니다. 세계의 많은 전문가들은 앞으로 인류는 가상의 세계에서 머무는 시간이 더욱 길어질 것이라고 예상했습니다.

이제 누군가 나쁜 마음을 먹으면 사이버 스페이스에서 몰래 다른 사람의 정보에 접속할 수도 있습니다. 부모님이나 선생님의 감시를 피하기도 예전보다 쉬워졌죠. 가상의 세계에서 하는 행동이라서 현실과의 연관성을 잊어버리기도 합니다. 내가 하는 일이 올바른지 아닌지는 판단하기도 어려워지게 됩니다. '소가 물을 마시면 젖을 만들고, 살모사가 물을 마시면 독을 품는다.'라는 속담이 있습니다. 가상의 세계를 밝고 유익하며 행복하게 만들 것이냐, 그렇지 않고 독이 퍼져 모든 사람들의 생명을 위협하는 어두운 곳으로 만들 것이냐는 우리의 손에 달려있습니다.

통일을 앞당겨야 하는 10가지 이유

동아시아의 끝에 갇힌 작은 점, 또는 세계 어디든 갈 수 있는 출발선. 둘 중 더 근사해 보이는 것은 무엇인가요? 반토막이 난 한반도에 갇혀 아웅다웅 살 수도 있고, 부산에서 기차를 타고 유럽까지 갈 수도 있습니다. 세계로 뻗어나가기 위해서는 잘린 허리부터 이어야겠지요.

6학년 / 도덕 / 우리가 꿈꾸는 통일 한국

지금으로부터 약 4400여 년 전, 한반도에 고조선이라는 나라가 처음 세워졌습니다. 우리 민족의 조상인 단군 왕검이 세운 나라죠. 이후 끊임없이 세력다툼을 해 왔지만, 7세기(676년) 신라가 고구려와 백제를 아우르며 통일을 이루었습니다. 통일신라와 발해 그리고 시간이 흐르면서 고려와 조선 등으로 나라가 바뀌긴 하였지만, 하나의 민족으로 지금까지 끈질긴 생명력을 이어오고 있어요. 국가적인 시련을 겪을 때마다 우리 민족은 똘똘 뭉쳐 지혜를 모아 위기를 극복해 왔습니다. 그런데 2020년 오늘도 한반도에는 극복해야 할 문제가 남아 있지요. 바로 남한과 북한의 통일입니다.

지구 위에 유일한 분단 국가

1945년 일제로부터 해방이 되어 기쁨을 나누기에도 짧은 시간에 남한과 북한의 정치체제는 둘로 나뉘고 말았습니다. 미국의 자본주의와 중국과 소련(현재 러시아)의 공산주의가 정면으로 부딪치게 되면서 결국 한반도에서는 우리 민족끼리 총부리를 겨누게 되었습니다. 1950년에 일어난 한국전쟁입니다. 6월 25일 새벽 4시에 터졌다고 해서 6.25전쟁이라 부르기도 합니다.

3년여의 전투 끝에 1953년 7월 27일 22시에 유엔군 사령관과 조선민주주의인민공화국 대표가 판문점에서 만나 총부리를 거두자면서 휴전협정을 맺게 됩니다. 여기서 중요한 한 가지! 1953년에 맺은 협정은 휴전을 하자는 약속입니다. 휴전은 잠시 전쟁을 멈추자는 것이죠. 지금까지 한반도는 잠시 전투를 멈추고 있는 중입니다.

1945년 미군이 미리 정해 놓은 38선을 기준으로 남한과 북한은 지금까지 두 개의 나라로 살고 있습니다. 38선은 지구의 적도를 기준으로 북쪽으로 38도를 지나는 위선(북위 38도)입니다.

현재 대한민국에는 두 세대가 살고 있습니다. 한국전쟁을 겪은 세대와 겪지 않은 세대. 천둥소리보다 더 무서운 폭탄 터지는 소리를 뚫고 집을 버린 채 온 가족이 피난을 떠날 수밖에 없었던 우리 할머니 할아버지들은 아직도 전쟁통에 겪었던 끔찍한 기억을 지울 수가 없습니다.

휴전 협정을 맺은 후 대한민국은 특유의 성실근면한 정신력으로 지금 세계 10위권에 들어가는 경제강국으로 거듭나고 있습니다. 하지만 이 땅에 두 개의 나라가 존재하고 있으니 큰 걱정거리지요. 우리처럼 둘로 나뉘어져 있던 서독과 동독이 1989년 하나의 국가로 다시 결합한 이후 한반도는 세계 유일의 분단 국가로 남았습니다.

왜 통일을 해야 하나요?

지금부터 왜 통일을 해야 하는지에 대해 그 이유를 찾아봅시다. 통일을 해야 하는 수백수천 가지 이유 중에서 가장 중요한 10가지를 먼저 소개합니다.

하나, 총부리를 거둬요

2019년 6월 30일 미국 대통령 도널드 트럼프와 김정은 북한 국무위원장이 판문점에서 극적으로 만났습니다. 분단 이후 북한 최고 대표가 미국 대통령을 처음 만나는 역사적인 사건이었지요. 꽁꽁 얼어있는 남북한 교류가 시작될 것이라는 기대가 커졌습니다. 지금 남한은 국토의 경계선이 없어요. 대신 남한과 북한을 가로지르는 군사분계선이 있지요. 여기는 철책으로 가려져 오갈 수 없습니다. 눈으로 보이지만 건너갈 수 없는 땅이

죠. 대신 군인들이 총을 들고 경계태세를 유지하고 있습니다. 통일이 되면 더 이상 같은 민족끼리 총부리를 겨누지 않아도 되겠죠. 안전한 나라가 된다는 의미입니다.

둘, 땅이 넓어져요

통일이 되면 지금의 2배 이상으로 땅이 넓어집니다. 전체 넓이를 한번 볼까요. 한반도가 통일이 되면 국토의 넓이는 22만㎢에 이릅니다. 지금 남한의 넓이가 9만 9000㎢, 북한이 12만3000㎢인데, 둘을 합하면 이렇게 큰 나라가 됩니다. 비로소 우리 민족의 잘린 허리도 잇게 됩니다. 휴전선을 없애고 온전한 국토로 다시 회복하는 과정이지요.

통일된 한반도의 길이는 함경북도 온성군 북쪽 끝에서 전라남도 해남군 남쪽 끝까지 직선으로 1020㎞에 이릅니다. 만약 국토 종단 여행을 시작한다면 걸어서 40여 일이 걸리는 거리랍니다.

셋, 인구가 늘어나요

남한의 심각한 문제 중 하나로 '저출산' 현상이 있습니다. 결혼하는 사람이 줄어들고, 아이를 낳는 사람도 줄어들면서 국가가 살아남을 수 있을까 우려하고 있습니다. 정부가 여러 가지 정책을 내놓고 있지만 뚜렷한 효과가 나타나지 않고 있어요. 만약 통일이 된다면 인구가 늘어나겠죠. 2020년 현재 남한의 인구는 약 5160만 명입니다. 북한 인구 약 2550만 명을 더하면 약 7700만 명이 되겠지요. 인구가 늘어나면 국가 전체의 노동력이 커지게 됩니다. 젊은이들이 많아지는 한반도는 더욱 활기찬 나라가 될 것입니다.

넷, 전쟁의 공포에서 벗어나요

1953년 7월에 맺은 휴전협정은 전쟁을 잠시 쉬고 있다는 의미입니다. 언제든 전쟁이 터질 수 있는 곳이라는 의미로, 전 세계에서는 한반도를 위험한 곳으로 조심스럽게 지켜보고 있습니다. 만약 통일이 된다면 전쟁의 공포에서 벗어나게 됩니다. 그런데 한반도 통일에 앞서 먼저 한국전쟁을 완전히 끝낸다는 종전협정부터 맺어야 합니다. 협정을 할 때에도 남과 북이 주인이 되어 서로 협의를 잘 이루어내야 합니다. 강대국의 힘에 이끌려 우리가 원하지 않았던 분단이라는 결과가 일어났던 과거를 되풀이해서는 안 됩니다.

다섯, 한민족의 문화적 위기를 극복할 수 있어요

같은 말을 쓰고 같은 풍속과 문화를 누렸던 한민족이 70여 년간 떨어져 살면서 점점 멀어져 가고 있습니다. 두 개의 나라로 살아가는 데도 별로 불편함이 없다며 분단된 국가가 좋다고 말하는 사람도 나오고 있어요.

서로 만나지 않으면서 각자 새로운 환경을 만들어 가고 있습니다. 남한은 미국, 일본 등 서방국가와 더 가깝게 지냈고, 북한은 중국과 러시아 등

과거 공산국가들과 더 가깝게 지내면서 문화와 정서가 조금씩 달라지고 있습니다. 시간이 더 흘러 한국전쟁을 겪은 세대가 세상을 모두 떠나버리면 분단된 남한과 북한에 익숙해져 통일이라는 거대한 변화를 받아들이기 어려워질 수도 있습니다.

이익을 얻기 위해서는 그만큼 문제가 발생할 수도 있습니다. 두 개의 나라로 살기에 한반도는 너무 좁아요. 아래를 보면 낭떠러지 바다이지만, 반대로 위를 쳐다보면 거대한 대륙이 펼쳐져 있어요. 우리는 대륙으로 나아가는 출발점이 되어야 합니다. 우선, 문화 교류로 같은 민족이라는 마음을 회복해 보는 건 어떨까요. 남북한은 가야금과 거문고를 타고 통소를 부는 같은 전통문화를 가지고 있습니다. 그동안 떨어져서 각자 다른 모습으로 발전해 온 남북한의 전문가들이 만나 서로 머리를 맞대고 새로운 것을 만들어 낼 것입니다. 세계적으로 유래를 찾기 어려운 독특하고 창의적인 예술 장르가 탄생할 날도 머지않았네요!

여섯, 북한의 자원과 남한의 기술력이 만나요

지난 2019년 5월 미국과 중국 간에 무역 분쟁이 심해지면서, 중국은 미국에 천연자원 수출을 금지했습니다. 그중 하나가 희토류인데요, 희토류는 말 그대로 지구상에 희귀한 지질 광물을 의미합니다. 현재 17종의 희토류가 발견되었는데요. 주로 페인트, 배터리 등의 원료로 쓰이는 귀중한 천연자원이지요.

일부 희토류는 아주 적은 양만 써도 기기의 성능을 높여주는 역할을 해 전기차, 반도체, 스마트폰, 카메라, 컴퓨터 등 첨단 IT 전자제품 생산에 반드시 필요합니다. 필요로 하는 곳이 많아지니 그 값어치도 높아지고 있습니다. 또 방사선을 차단하는 효과가 있어 '첨단 산업의 쌀', '21세기 최고의 전략자원' 등으로 불리기도 합니다. 그런데 중국보다 희토류가 더 많이 매장되어 있는 곳이 북한이라는 조사 결과가 나왔습니다. 북한이 세계적으로 베일에 싸인 나라이다 보니 희토류의 정확한 매장량이나 품질은 아직 확인되지 않았지만 북한에 매장량이 엄청나다는 것만은 사실입니다. 희토류뿐만 아니라 북한의 곳곳에는 지하자원이 많은 것으로 알려져 있습니다.

남한의 반도체 기술은 세계적인 수준이지요. 남한의 기술력과 북한의 천연자원, 그리고 각 분야 전문가들의 노동력이 만난다면 세계적인 첨단 국가로 거듭나게 되겠지요. 지금은 여러 가지 이유로 경제 교류가 막혀있지만 점차 남과 북이 힘을 합치게 된다면 언젠가 통일된 한반도에서 4차 산업혁명의 꽃을 피우게 될 것입니다.

일곱, 일자리가 늘어나요

첨단 기술이 발달할수록 단순반복적인 일자리가 사라지게 됩니다. 안정된 직장을 얻어 행복하게 살고 싶은 마음은 누구나 가지는 권리이지만 현실에서의 좋은 일자리는 줄어들고 있습니다. 통일이 되면 남한의 일자리

문제를 해결할 수 있는 물꼬가 터집니다. 북한과의 경제 협력을 확대해 나가면 세계 시장에서 인정받을 수 있는 혁신적인 사업을 할 수 있게 됩니다. 평양이든 개성이든 장소와 상관없이 좋은 일자리를 찾아 젊은이들이 활발하게 움직일 것입니다.

여덟, 철도를 타고 유럽을 가요

지금은 한국에서 유럽으로 가려면 비행기를 타야 합니다. 그런데 통일이 된다면 유럽까지 기차를 타고 갈 수 있습니다. 시베리아 횡단열차와 중국 대륙 횡단열차를 쉽게 이용할 수 있으니까요. 부산에서 신의주까지 열차로 한 번에 가서 중국의 국경 도시 단둥에서 중국 횡단열차(TCR)나 몽골 횡단열차(TMGR)을 이용하면 됩니다. 중국 단둥이나 러시아의 블라디보스토크까지 철도를 연결하는 노선도 생기게 되겠죠. 단둥-베이징-쉬저우-정저우-카자스탄의 알마티에 도착한 후 알마티-드루즈바-모스크바-베를린-파리로 연결되는 중국 횡단열차의 총 길이는 1만2971㎞입니다. 몽골 횡단열차는 단둥-베이징-울란바토르-울란우데-모스크바-파리 노선이랍니다. 이 두 가지 노선을 이용하면 유럽의 모든 주요 도시를 기차로 갈 수 있습니다.

시베리아 횡단열차의 총 길이는 9466㎞. 평균 시속 80㎞로 7일간을 달리면 모스크바에서 파리까지 갈 수 있습니다. 주요 정차역만 59개가 되고 시간대가 7번이나 바뀌는 경험도 할 수 있습니다. 통일이 되면 한반도에서 시작하는 세계 철도 여행의 문이 활짝 열리게 됩니다.

아홉, 해외 여행 같은 북한 여행

백두산은 세계적인 명산으로 유명합니다. 지금 남한에서 백두산으로 여행을 가려면 비행기를 타고 중국 연길을 통해 들어가게 됩니다. 중국에서는 백두산을 장백산이라고 부르죠. 통일이 되면 백두산을 포함한 북한 전역의 관광지를 자동차나 기차로 갈 수 있게 됩니다. 고구려, 고려 그리고 조선 역사의 절반을 간직한 북한의 역사 유적지도 하루 만에 다녀올 수 있겠지요.

대표적인 북한의 문화유산 중 하나가 고인돌입니다. 우리나라 곳곳에서 고인돌이 발견되고 있는데, 남한에는 전라도를 중심으로 5~6만 기, 북한에는 황해도를 중심으로 약 2만 기의 고인돌이 있어요. 한반도에는 2~3천년 전에 만들어진 고인돌이 자그마치 7만~8만 기나 남아있습니다. 우리

나라의 고인돌은 세계문화유산으로 지정될 만큼 소중한 인류의 유산입니다. 눈으로 확인하기 위해 답사 여행을 떠날 수 있는 날이 머지않았습니다.

열, DMZ을 세계생태유산으로 키워요

DMZ(DeMiliterized Zone)는 '무장을 해제한 지역'이라는 뜻입니다. 비무장지대인 DMZ에는 군사 무기를 두지 않기로 약속을 했거든요. 허가를 받은 아주 적은 수의 사람 외에는 함부로 들어갈 수도 없는 곳이죠. 비무장지대는 휴전선을 중심으로 남북으로 각각 2km씩, 동서로는 248km에 이릅니다. 면적은 한반도 전체 면적의 약 1000분의 5에 해당합니다.

분단된 이후 사람들의 왕래가 거의 없다보니 이곳에는 각종 희귀 동식물이 평화롭게 살게 되었죠. 세계적으로도 보존이 잘 된 자연상태계로 이름이 나 있습니다. 금강초롱·고려엉겅퀴 등 이 지역에서만 볼 수 있는 식물은 물론 독수리·저어새와 같은 조류, 열목어·쉬리와 같은 어류, 산양·수달 등의 포유류…. 우리나라 다른 지역에서는 보기 드문 생물들이 살고 있습니다. 강원도 인제군 대암산에 있는 용늪은 람사르협약(습지보전을 위한 국제협약)이 한반도에서 처음 지정한 보호대상 늪입니다. 통일이 된 후에는 분단의 상징인 DMZ가 세계적인 생태유산 관광지가 될 것입니다.

이층 버스에
숨어있는 비밀

나와 다르게 생겼으면 일단 멀리하게 됩니다. 인종차별은
그렇게 시작됩니다. 하지만 사람으로 태어났으면 모두가 평등하고
자유롭게 교육받을 권리가 있습니다. 2층 버스는 어떻게 생겨났을까요.
백인과 흑인을 구분해서 태우기 위해서였습니다. 불평등한 공간이었지요.
평등한 세상을 만들기 위해 2층 버스에 올라타 볼까요.

5학년 / 도덕 / 인권을 존중하며 함께 사는 우리

영국 런던의 상징이 되어버린 빨간 이층 버스. 지금은 누구나 한 번쯤 타보고 싶은 런던의 상징이지만, 1920년 처음 2층 버스가 등장하게 된 이유는 황당하게도 인종차별 때문이랍니다. 흑인과 함께 버스를 타고 싶어 하지 않는 백인을 보호하기 위해 1층과 2층을 분리한 버스가 처음 설계된 것이거든요.

1444년 포르투갈의 항구 도시 라구스에서 처음 아프리카 노예를 수입해 판매하는 시장이 생겼습니다. 이렇게 끌려온 흑인은 노예가 되었고, 사고

파는 물건 취급을 받았습니다. 노예제도는 유럽에 노동력을 공급하는 중요한 창구가 되었습니다. 그 후 350년이 지난 1800년대 말이 되어서야 서유럽과 미국에서는 반인륜적인 노예제도를 폐지하자는 인도주의적인 운동이 시작되었습니다. 1860년 미국 대통령으로 당선된 에이브러햄 링컨이 노예 해방을 선언했습니다. 이때 노예제도를 찬성했던 미국의 남부 지역은 링컨에 맞서 전쟁을 선포하기도 했지요. 미국 내에서 벌어진 남북전쟁(1861~1865년)이 바로 그것입니다.

북군의 승리로 미국 내 흑인들은 비로소 해방되고 자유를 얻었습니다. 하지만 얼마 전까지 노예로 부리던 흑인을 하루아침에 백인과 같은 인간 대접을 하기 어려웠나봐요. 1950년대에도 미국에서 흑인은 버스에 자리가 있어도 앉지 못했으니까요.

인종차별은 범죄입니다

인간은 존엄성을 인정받지 못하면 억눌린 감정이 폭발하게 됩니다. 1955년 12월 1일 크리스마스를 앞둔 어느 날이었습니다. 미국 오하이오주 클리블랜드시의 몽고메리 페어 백화점에서 일하던 30대 흑인 여성 로자 파크스는 백인들이 타야 하는 좌석에 올라탔습니다. 당시에는 백

> **흑백분리법**
>
> 1876년부터 1965년까지 시행됐던 미국의 주법으로, 모든 공공기관에서 합법적으로 인종 간에 공간을 분리하도록 했다. 공립학교, 공공 장소, 대중교통은 물론 화장실과 식당 식수대에서까지 백인과 흑인은 별도의 공간을 쓰도록 한 것이다. 흑백 인종을 분리해 각자 평등을 유지할 수 있도록 했지만 현실은 달랐다. 흑인들은 백인에 비해 열등한 대우를 받았으며 경제, 교육, 사회의 다양한 측면에서 불평등을 겪었다.

인과 백인이 아닌 사람들이 타야 하는 좌석이 구분되어 있었습니다. 비좁은 버스에서 백인 자리에 타고 있던 그녀에게 자리를 양보하라고 백인 승객들이 강요했지만 그녀는 끝까지 거부했습니다. 결국 파크스는 '흑백분리법'을 위반했다는 이유로 경찰에 체포되고 맙니다.

미국의 흑인 인권운동가 마틴 루터 킹 목사는 이에 항의하기 위해 버스를 타지 않겠다며 버스 보이콧 운동을 시작했습니다. 불만이 쌓인 흑인들의 적극적인 참여로 1년에 걸친 버스 보이콧 운동은 성공을 거두었습니다. 이후 백인들은 킹 목사에게 터무니없는 죄를 씌워 교도소에 가두기도 했지만, 흑인들은 이에 굴복하지 않고 버스 보이콧 운동을 계속 해나갔어요. 결국 미국연방 최고법원이 버스 내 흑백분리법이 위헌이라는 결정을 내렸습니다. 흑인들은 킹 목사의 리더십에 힘을 합쳐 비폭력 투쟁을 이어나갔습니다. 킹 목사는 흑인의 권리운동과 인권운동을 펼치면서 차별과 혐오를 없애는 운동을 한 공로로 1964년 노벨평화상을 받았어요.

미국은 민주주의와 자본주의를 통치이념으로 정해 놓은 나라입니다. 따라서 인종차별에 대해서는 법적으로 엄격한 처벌 방법을 마련해 두었지요. 하지만 인종차별은 사회 밑바탕에 깔려있었고, 여러 가지 사건들이 발생하였습니다.

생김새나 피부 색깔이 다르다는 이유로, 혹은 자신보다 힘이나 권력이 약하다고 생각하는 사람을 무시하는 역사적인 사건은 지구촌 곳곳에서 일어나고 있습니다. 사람은 누구나 행복하게 살 권리가 있는데, 상대방에 대해 이 같은 혐오나 차별을 하게 된다면 잘못된 행동이지요.

미국에서는 100여 년간 인종차별이 사회적인 문제가 되어왔지만, 그 과정에서 오바마라는 흑인 대통령을 배출하는 등 이제는 피부색의 차이가 능력의 차이가 아니라는 것에 대한 공감대가 생겼다고 볼 수 있어요.

대한민국 역시 민주주의와 자본주의 두 가지 체제로 움직이는 나라입니다. 우리나라가 더욱 성장해 나가기 위해서는 사회 곳곳에 숨어있는 차별과 혐오를 줄여나가야 합니다. 역사를 되돌아보면 건전한 민주주의가 사회 깊숙이 뿌리를 내리고 올바른 자본주의가 작동하는 나라가 선진국이라는 사실을 확인할 수 있습니다. 상대방의 강점을 인정하고 서로 협력할 때 더 큰 힘을 낼 수 있습니다. 여러분이 무엇을 잘하는지를 생각하고 상대방과 어떻게 협력하면 좋을지 고민해 보아야 합니다.

지구의 시간이 품은
보물, 세계유산

유네스코는 인류가 남긴 문화와 자연유산을
보호하기 위해 1978년부터 세계유산(World Heritage)을 지정하고 있습니다.
세계유산은 전 세계 167개국에 총 1100여 점이 있어요. 우리 모두가
보호하고 지켜나가야 할 세계유산을 찾아 떠나봅시다.

6-2 / 사회 / 세계 여러 지역의 자연과 문화

역사를 알아야 미래를 안다고 했습니다. 여행지에서 역사를 배울 수 있다면 세상에 대해서 더 알 수 있을 뿐 아니라 미래의 꿈을 키울 수도 있습니다. 세계유산을 확인하는 과정은 역사를 배우고 그 속에서 사람이 살아가는 데 꼭 필요한 문화와 가치를 배울 수 있는 일석이조의 시간이 됩니다. 굳이 해외의 세계유산을 보러 가겠다고 마음먹지 않아도 된답니다. 우리나라에 있는 세계유산을 확인한 후 해외로 떠나도 늦지 않을 테니까요.

우리가 보호하고 지켜나가야 할 세계유산

조선 시대의 대표적인 고등교육기관으로 서원이 있습니다. 소수서원(경상북도 영주시)·병산서원(경상북도 안동시)·무성서원(전라북도 무성시)·돈암서원(충청남도 논산시) 등 남아있는 서원 네 곳이 2019년 유네스코 세계유산에 이름을 올렸습니다.

우리나라에는 1995년 불국사와 석굴암을 시작으로 해인사 장경판전, 종묘, 창덕궁, 수원화성, 경주역사유적지구, 고창·화순·강화의 고인돌, 조선왕릉, 한국의 역사마을:하회와 양도, 남한산성, 백제역사유적지구, 산사 한국의 산지승원, 서원 등 13건의 문화유산이 유네스코 세계문화유산에 올라있습니다. 또 2007년 제주 화산섬과 용암동굴이 세계자연유산으로 등록되면서 유네스코 세계자연유산도 1건 보유하고 있습니다.

북한에도 세계유산에 등재된 곳이 있어요. 고구려 고분(2004년), 개성역사유적지구(2013년) 등이 대표적입니다. 북한의 세계유산 등재는 이제 시작이라고 볼 수 있겠지요. 남한과 북한은 오랜 세월 같은 역사 아래 살아온 한 민족이기 때문에 문화유산의 성격이 유사한 경우가 많습니다. 이를테면 오랜 세월 같이 즐겼던 아리랑 같은 노래나 춤이 대표적인 사례입니다. 그래서 아리랑 등 민족의 노래와 춤을 유네스코 세계유산에 등재하기 위해 남북이 함께 노력하고 있습니다.

세계유산은 유네스코✺가 1972년 11월 제 18차 정기총회에서 인류 문명

유네스코 (UNESCO)

국제협력기구(UN) 산하의 교육과학문화기구로 1945년 만들어졌다. 인류의 기본권인 자유와 인권, 준법정신 그리고 보편적인 정의구현을 실현하기 위해 교육, 과학, 문화 교류를 하면서 서로 협력하자는 목표를 추구하고 있다. 유네스코 본부는 프랑스 파리에 위치하며 2019년 1월 현재 회원국은 193개다.

이 쌓아온 문화와 자연을 보호하고 후대에 물려주기 위해 지정하기 시작했죠. 크게 문화유산과 자연유산 두 가지로 구분합니다. 역사적으로 중요한 가치가 있는 것은 '문화유산'으로 지정하고 지구의 역사를 압축적으로 볼 수 있는 자연환경을 '자연유산'으로 지정합니다. 두 가지 성격이 뒤섞인 경우에는 '복합유산'이라고 정합니다. 세계유산 이외에 유네스코는 무형문화유산과 세계기록유산 등에 대한 조사도 계속하고 있습니다.

엄격한 절차를 통과해야만 인정받는 세계유산은 미래세대에게 물려주어야 할 역사의 흔적이자 자산입니다. 돈이 경제적인 자산으로 우리 생활에 필수적이라면, 세계유산은 인류가 키워온 소중한 가치관을 배워나가는 데 없어서는 안 될 정신적인 자산이라고 할 수 있습니다.

세계유산은 총 1121점(2019년 등재 기준)이 있으며, 이 가운데 문화유산이 869점, 자연유산이 213점, 복합유산이 39점입니다. 고대부터 인류의 문명이 번성했던 도시는 물론 보호해야 할 지구의 환경 자산을 모두 포함하고 있습니다.

페루 마추픽추 역사보호지구, 이란 이슬람 공화국의 곤바데 카부스 등 고대 인류의 흔적을 확인할 수 있는 것도 세계문화유산입니다.

목록을 만드는 것보다 보존하는 것이 더 중요해요

유산의 목록에는 보존하기 위해 노력하지 않아 사라질 위험에 처한 것도 53점(2019년 등재 기준)이나 있습니다. 유네스코는 현재 분쟁 지역으로 국지전이 벌어지는 곳이나 환경 보호가 되지 않는 곳 등에 대한 조사를 하여 그 가치를 기록하고 있습니다. 대표적인 곳으로 팔레스타인에 위치한 예루살렘 남부, 바티르 문화경관이 있습니다. 이 유산은 예루살렘에서 몇 킬로미터 떨어진 곳에 위치한 나블루스와 헤브론 사이의 중앙 고원 지대에 있습니다. 물을 대기 어려운 높고 건조한 밭에 계단식 농업을 할 수 있도록 지하수를 이용해 관개수로망을 건설하여 각 가구로 공평하게 물을 나눠주었습니다. 그런데 여러 가지 정치적 경제적 여건 탓에 보존하기가 어려운 상황에 처하자, 유네스코가 사라질 위험에 처한 곳으로 정하고 관리 및 보호를 하기 위해 지원을 결정한 곳이랍니다. 이처럼 사라질지도 모르는 세계유산이 수십 곳이나 된답니다. 다행히 53곳은 유네스코에서 보호해야 한다고 결정이 난 곳이라 사정이 조금 낫다고 할 수 있습니다. 각 나라별로 경제적인 사정이 좋지 않아 자신들이 가지고 있는 세계유산을 보호하지 못하고 훼손하는 나라들도 많은데, 적어도 이들 지역에 문화재에 대한 가치를 알려줄 수 있을 테니까요.

아시아가 뜬다!

500여 년간 동양은 서양의 힘에 눌려 살았습니다.
역사는 돌고 돕니다. 아시아에 속해 있으면서도 서양을 바라보고
살았던 대한민국이 이제 아시아에 관심을 기울이기 시작했습니다.
우리와 비슷한 모습을 한 사람들이 살아가는 아시아.
그 저력을 알아보겠습니다.

6학년 / 도덕 / 함께 살아가는 지구촌

지구인의 60퍼센트가 살고 있는 가장 넓은 땅이 어디일까? 정답은 아시아입니다. 46개국에 34억4000여 명이 살고 있습니다. 면적도 아시아가 압도적인 1위랍니다. 인류 문명의 발상지 4곳 중 3곳도 아시아에 있습니다. 메소포타미아 문명(서남아시아), 인더스 문명(인도), 황허 문명(중국 황허) 등이지요.

고대 문명이 처음 시작된 아시아에 인구가 많은 이유는 쌀농사를 짓고 살았던 농업 사회였기 때문입니다. 고대 문명이 꽃을 피운 아시아는 그러

나 19세기 산업혁명과 과학혁명의 힘으로 산업화가 급격히 진행된 서양에 뒤처지게 되었습니다.

식민지의 아픔을 겪기도 했어요

결국 부와 권력의 축이 동양에서 서양으로 이동했습니다. 아시아의 여러 나라는 서양의 식민지로 전락해 오랜 시간 지배를 받기도 했지요. 영국의 지배를 받았던 홍콩을 비롯해, 포르투갈의 식민지였던 마카오, 프랑스 식민지였던 베트남, 네덜란드에 주권을 빼앗겼던 인도네시아, 스페인 식민지였던 필리핀 등 많은 아시아 국가들이 서양의 그늘에 묻혀 있었습니다. 아시아에 속한 우리나라도 예외는 아니지요. 1854년 이웃나라 일본은 미국과 화친조약을 맺으면서 아시아 국가 중에서 가장 빠르게 서양의 문물을 받아들이게 되었습니다. 아울러 메이지유신이라는 근대화 과정을 거치면서 제국주의의 야망을 드러내고 있었지요. 중국으로 진출하겠다는 야망을 세운 일본은 한반도를 거쳐 가겠다는 계획을 세우고 침략을 감행합니다. 일본 제국주의의 희생양이 된 조선은 1910년 8월 22일 일본의 강제적인 압박에 한일병합조약을 맺고 36년간 지배를 받게 되었습니다.

2차 세계대전 후 식민지를 벗어난

한일병합조약
대한제국과 일본 제국 사이에 이루어진 합병조약으로 1910년 8월 22일에 조인되고 8월 29일 효력이 시작되어 두 나라가 합쳐졌다. 당시 대한제국의 내각총리대신 이완용과 제 3대 한국 통감인 데라우치 마사타케가 형식적인 회의를 거쳐 조약을 통과시켰다. 이후 대한제국은 일본 제국의 식민지가 되었다.

아시아 국가들은 어떻게 되었을까요. 중국과 베트남 등은 공산주의 국가가 되어 서방 국가와 대립각을 세우고, 대한민국은 전쟁을 거쳐 분단 국가가 되는 등 혼란스러운 근대사를 맞게 되었습니다.

세계가 주목하는 아시아 국가들

하지만 혼란의 시기가 그리 길지는 않았습니다. 넓은 땅과 비옥한 토양 그리고 풍부한 자원을 바탕으로 아시아는 꿈틀대기 시작했습니다. 일찌감치 선진국의 대열에 들어간 일본을 비롯해 한국, 중국 등의 경제 규모는 세계 OECD※ 국가에 견줄 수 있는 수준으로 뛰어올랐습니다. 1970년대 개혁개방을 시작한 중국은 세계의 공장을 자처하며 전 세계 주요 기업의 생산기지 역할을 하면서 기술 개발도 꾸준하게 해오고 있습니다. 화웨이와 같은 중국 기업은 IT 분야에서 앞서나가며 5세대(5G) 이동통신 네트워크기술로 세계적인 기업을 꿈꾸고 있습니다.

OECD (경제협력개발기구)
1961년 창립되었으며 회원국은 36개국이다. 한국은 1999년 12월 회원국이 되었다. 회원국 중에는 민주주의와 시장경제가 통치이념인 선진국이 많은 편이다.

한국도 첨단 기술 국가로 도약하고 있지요. 2020년 코로나 19 바이러스 감염증(COVID-19)이 세계적인 유행병(Pandemic)이 되자 한국이 세계적인 주목을 받았습니다. 철저한 확진자 관리와 체계적인 방역 그리고 시민들의 자발적인 사회적 거리두기 실천으로 바이러스와의 전쟁을 민주적이면서도 개방적으로 대처한 국가로 평가받게 되었죠. 세계 120여 개국에서 한국에서 만든 바이러스 진단 키트를 요청할 정도였습니다. 미국의 트럼프 대통령과 마이크로소프트 창업자 빌 게이츠가 잇따라 한국에 도움을 요청했습니다. 명품을 모방해서 저렴한 제품을 만들어 팔던 아시아 국가들이 정보통신(IT), 바이오 기술(BT) 등 첨단 기술로 세계인의 주목을 받고 있습니다. 또 관광, 패션, 뷰티, 대중 문화 등으로 국가의 이미지를 개선하는 데에도 노력하고 있어요.

최근 베트남, 태국, 인도네시아 등 동남아시아 국가들의 경제 성장이 눈에 띄게 좋아지고 있습니다. 특히 미국과 전쟁을 치른 베트남은 오랜 시간 발전하지 못하고 국가 전체가 움츠려있었습니다. 그러나 1986년 베트남 공산당이 도이머이(쇄신) 정책을 도입하면서 고속성장을 이루고 있습니다. 2007년에는 WTO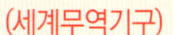에도 가입을 했습니다. 이후 미국과 화해하면서 베트남과 미국의 교역은 물론 한국과의 관계도 개선되고 있죠.

WTO (세계무역기구)
회원국들 간의 무역관계를 관리 감독하는 기구다. 1995년 창립했으며, 스위스 제네바에 본부가 있다. 2015년 기준 회원은 161개국이다.

세계인이 공감하는 한국의 콘텐츠와 기술

동남아시아에는 인구가 많고 천연자원이 풍부한 나라들이 많죠. 그 가운데 한국의 선진 문화를 따라하고 싶어하는 많은 젊은이들이 한국을 찾

아옵니다. 방탄소년단을 비롯한 우리나라의 대중 음악(K-Pop)과 드라마, 영화, 게임, 애니메이션, 캐릭터 등 한류 콘텐츠의 인기가 높아지면서 한국에 대한 관심이 어느 때보다 뜨겁게 달아오르고 있습니다.

　일제 강점기를 겪고 한국전쟁으로 남북이 분단되는 아픈 현실 속에서도 대한민국은 서양의 문물과 사회 시스템을 받아들여 빠른 성장을 거듭했습니다. 선진국의 기술과 산업을 배우기 위해 열심히 노력한 결과 세계 10위권의 경제 성장을 이룩하였지요. 경제적으로 우리나라는 더 이상 개발도상국이 아닙니다. 이웃나라들과 더불어 함께, 또는 앞장서서 이끌어 나가야 할 선진국이 되었습니다.
　이제 더 큰 성장을 위한 기회는 아시아에 있습니다. 아시아 국가에 대한 오해와 편견을 벗고 이들과 함께 살아가기 위해서 아시아를 알고 더 많은 교류를 해 나가야겠습니다.

이것마저 알려주마!

: 대륙별 인구

1위 | 아시아 43.8억
2위 | 아프리카 11.6억
3위 | 유럽 7.4억
4위 | 북아메리카 5.7억
5위 | 남아메리카 4.1억
6위 | 오세아니아 0.4억

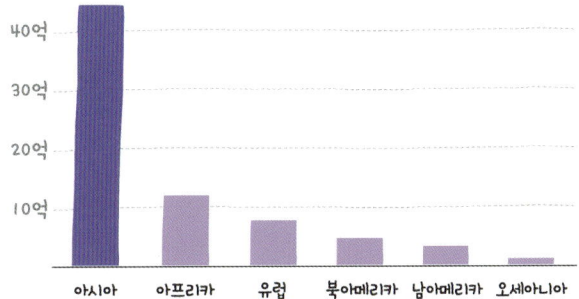

: 대륙별 면적

1위 | 아시아 4,382㎢
2위 | 아프리카 3,037㎢
3위 | 북아메리카 2,449㎢
4위 | 남아메리카 1,784㎢
5위 | 유럽 1,018㎢
6위 | 오세아니아 900㎢

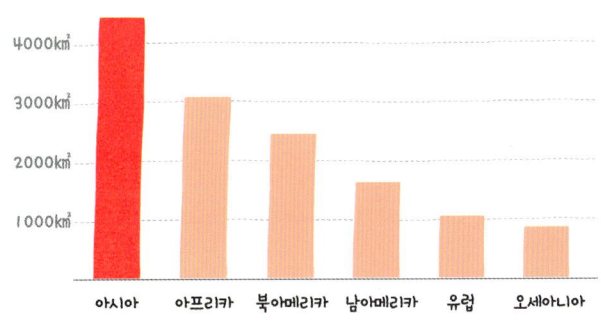

꽌시의 나라 중국,
칼의 나라 일본

대한민국은 지리적으로 중국과 일본 사이에 놓여있습니다.
동아시아에 속하는 대한민국은 오랜 세월 두 나라와 깊은
관계를 맺고 살 수밖에 없었습니다. 오랫동안 가까이 살다보니
중국과 일본에 대해 잘 알고 있다고 생각하기 쉽죠.
여러분은 중국과 일본에 대해서 얼마나 잘 알고 있나요?

6-2 / 사회 / 이웃나라의 환경과 생활 모습

　한때 발해와 고구려가 중국의 거대한 땅을 지배했던 적이 있었습니다. 조선 시대에는 우리가 일본에 문물을 전해주는 선진국이었던 시기도 있었죠.

　조선 시대에는 국가 간 교류를 위해 이웃나라와 서로 오가는 일이 잦았습니다. 중국에는 여러 가지 배울 것과 신문물이 많아 사신으로 다녀온 것만으로도 큰 경험이 되었지요. 그런데 일본으로 가는 통신사는 불만이 컸답니다. 문화적으로 뒤떨어져 있던 일본에서는 신문물을 가져올 게 없고,

우리가 일방적으로 주고 와야 했기 때문이죠. 반대로 일본에서는 조선통신사가 전해주는 지식과 문물을 기다리는 지식인들이 있었습니다. 지금의 한류 열풍과는 비교할 수 없을 정도로 조선이라는 나라는 일본의 지식인들에게 큰 영향을 주었거든요. 지금도 쓰시마 역사박물관과 시모카마가리섬에 있는 조선통신사역사관에는 당시의 역사가 전시되어 있습니다.

오늘날 대한민국은 강대국의 틈바구니 속에서도 세계 10대 교역국으로 성장하였고, GDP 3만 달러를 달성하며 선진국으로 도약하였습니다.

이제 더욱 단단한 대한민국을 만들어가려면 외교 정책이 중요합니다. 인류의 역사를 거슬러 올라가 보면 오랜 세월 다른 나라를 지배하기 위해 끝없이 전쟁을 벌여왔습니다. 2차 세계대전 이후 더 이상의 전쟁은 위험하다고 선언하며 국제협력기구(UN)를 만들어 국가 간 협력을 다짐했지요. 현대 사회에서는 각 나라간의 서로 다른 입장 차이를 좁혀 나가려면 정교하고 섬세한 외교가 중요해졌습니다.

GDP
국내 총생산. 1년간 한 나라에서 사람들이 필요로 하는 것을 충당시켜줄 수 있는 모든 것의 합이다. 눈에 보이지 않는 공기나 전기 등 에너지도 포함된다. 그러나 서비스는 여기에 포함되지 않는다.

국제협력기구 (UN)
1945년 10월 24일 제 2차 세계대전이 끝난 후 탄생했다. 회원국끼리 법을 지키고 안전하게 살 수 있도록 협력하기 위해서다. 2018년 9월 27일 기준으로 유엔총회 회원국은 193개이다. 본부는 미국 뉴욕에 있으며, 국제 법원은 네델란드 헤이그에 있다. 사무국은 케냐 나이로비, 오스트리아 빈, 스위스 제네바에 있다.

외교란 다른 나라와의 교류를 통해 서로의 이익을 찾아가는 전략입니다. 자기 나라의 이익을 최대한 넓혀 나가려면 상대 국가에 대해 잘 알아야 합니다. 중국과 일본을 설명하는 대표적인 단어인 '꽌시'와 '칼'에 대해 알아보고 우리나라 사람들이 중요하게 생각하는 '대의명분'이 무엇인지 함께 생각해 봅시다.

꽌시를 알면 중국이 보여요

우리나라는 오랜 세월 중국으로부터 문물을 받아들이기도 하고, 때로는 침략을 당하기도 했습니다. 1949년 중국의 공산당이 중화인민공화국을 수립하면서 찬란했던 역사는 잠시 멈추는 듯 했습니다. 반면 대한민국은 1953년 7월 한국전쟁의 휴전협정을 맺고 경제 발전에 매진해 왔습니다. 덕분에 30여 년간 고속 성장하면서 세계 10위권의 경제대국이 되었지요.

경제 성장이 늦어진 중국이 시장경제를 도입한 때는 1978년입니다. 나라의 빗장을 열고 개혁개방을 시작한 중국은 한국에게 기회의 땅이 되었습니다. 저렴한 인건비를 가진 중국으로 공장을 이전하면 더 많은 수익을 낼 수 있었습니다. 기업들은 앞다투어 중국으로 떠났습니다. 그 과정에서 한국 사람들은 중국의 뒤쳐진 살림살이를 보면서 자칫 얕잡아 보기도 했지요.

이제 중국은 미국과 어깨를 견주며 14세기 첨단 국가였던 과거의 화려한 모습을 되찾으려고 용트림을 하고 있습니다. 우리나라는 중국을 잘 이용해야 합니다. 이를 위해서는 먼저 중국을 알아야 합니다. 중국을 이해하는 여러 가지 키워드가 있지만, 그 중에서 가장 중요한 것은 바로 사람들과의 관계, 즉 '꽌시'입니다.

중국의 꽌시. 우리말로 번역하면 '관계'입니다. 우리나라에서도 인간관계는 중요하다고 생각합니다. 같은 학교 출신이면 나이 차이와 상관없이 선후배 사이가 끈끈해지고 힘든 일이 생기면 서로 끌어주면서 위기를 헤쳐 나가기도 하지요. 이처럼 한국도 인맥이 중요한 사회이다 보니 중국의 꽌시에 대해서 아주 잘 안다고 생각하기 쉽죠. 우리나라 사람들의 인간관계와 별반 차이가 나지 않는다고 여기고 따로 공부하지도 않아요.

그런데 중국의 꽌시는 그 개념이 아주 복잡합니다. 우리나라와 달리 중국 사람들은 같은 고향 출신이 같은 학교 출신보다 더 중요하다고 생각합니다. 이유가 무엇일까요. 음식에 있습니다. 중국에서 같은 음식을 먹고 자란 사람들끼리의 유대감은 우리가 생각하는 것보다 훨씬 깊고 끈끈합니다. 한 집에서 엄마의 젖을 먹고 자란 형제와 같다고 생각합니다. 조금 더 확장하면 같은 우물에서 물을 길어 먹은 사람이 고향 사람이라고 생각하고 그들을 형제처럼 소중히 여기지요. 하물며 같은 음식을 나눠먹는 사람은 세상에서 제일 친한 사람이라고 생각한답니다. 그래서 중국 사람들은 꽌시를 만들기 위해 밥을 같이 먹기도 합니다. 우리나라에서도 밥을 같이 먹고 나면 친해지고, 또 헤어질 때면 "언제 시간될 때 밥 한번 먹자"라는 말을 가장 많이 하지요. 중국에서도 사람들끼리 관계를 맺고 그 관계를 지속시키기 위해서 함께 밥을 먹어요.

그런데 우리나라 사람들이 중국에 사업을 하러 갈 때 자칫 실수를 저지르게 됩니다. 짧은 시간에 꽌시를 쌓겠다고 아주 비싼 음식점에서 밥을 사고 중국 사람들이 좋아하는 비싼 선물을 건네기도 합니다. 한국 사람들은 그렇게 대접하고 나면 중국인과 꽌시가 깊어졌다고 생각하게 되죠. 그런데, 그렇지 않습니다. 중국인과의 꽌시가 깊어지려면 시간이 오래 걸립니다. 진정한 우정을 쌓아가야만 그 사람과의 꽌시도 깊어진다는 사실을 잊어서는 안 됩니다.

칼과 닌자의 나라, 일본

우리와 다른 일본의 문화는 무엇이 있을까요. 일본의 역사와 문화를 잘 알지 못하는 사람이라고 해도 '닌자'라는 말은 들어본 적이 있을 거예요. 애니메이션 《닌자 거북이》를 통해서 친숙한 단어가 되었지요. 닌자 거북이는 돌연변이 반응을 일으킨 거북이 네 마리가 한 팀이 되어 마치 사람처럼 모험을 한다는 줄거리예요. 그런데 과연 닌자는 그렇게 모험을 즐기던 사람이었을까요. 닌자는 우리말로 자객, 즉 '암살자'입니다. 댓가를 받고 몰래 사람을 죽이는 일을 대신 하는 사람입니다. 요즘으로 치면 살인청부업자 정도 되겠네요. 일제 침략기에 궁궐에서 명성황후를 시해한 장본인도 닌자 무리라고 알려져 있죠.

그런데 일본 하면 닌자가 떠오르는 이유는 무엇일까요. 일본은 오랫동안 칼을 찬 무사들이 지배하던 나라였습니다. 섬나라 일본에서 정권을 쥐었던 무리가 바로 무사 집단이었기 때문입니다. 일본은 천황 아래 실세인 '쇼군(장군)'이 있었고, 그 아래 일본 영토를 나누어서 지배하던 '다이묘'가 있었습니다. 모두 무사들이었어요. 영토를 차지하기 위해 자신들끼리 칼부림을 하며 처절한 싸움을 하는가 하면, 적의 수장을 몰래 없애기 위해 닌자를 보내 처단하기도 했죠. 이처럼 오랫동안 무사들이 지배하는 나라이다 보니 일본인들의 문화 속에도 칼이 스며들어 있었던 것입니다.

서양에서는 스페인, 포르투갈, 네덜란드 등 당시 유럽의 주요 국가들이 새로운 항로를 개척한다는 명분으로 인도를 넘어 아시아로 배를 타고 진격하고 있었어요. 이때 동양은 아직도 잠을 자고 있었습니다.

1543년 8월 25일, 일본 다네가 섬에 도착한 정체불명의 선박에 타고 있던 포르투갈인이 일본인에게 조총을 건네주는 것을 시작으로 일본은 서양 문물을 접했습니다. 미국의 개항 요구 이후 일어난 메이지유신 역시 일본의 무사에 의해 단행된 선진화 프로젝트였지요. 일본의 문화를 '칼의 문화'라고 하는 이유에 대해 미국의 인류학자 루스 베네딕트는 자신의 저서 《국화와 칼》에서 이렇게 말했습니다.

'일본인에게 명예란 죽을 때까지 싸우는 것이었다. 절망적 상황에 몰렸을 때 일본군은 최후의 수류탄 하나로 자살하거나, 무기 없이 적진으로 돌

격하여 집단 자살을 해야 하며 절대로 항복해서는 안 된다.'

일본인들이 불명예스럽다고 생각할 때 할복을 하는 모습이나, 2차 세계대전에서 비행기를 타고 적진으로 뛰어들어 자신의 목숨을 쉽게 내 놓는 '가미가재 전술'이 서양인의 눈에는 도무지 이해하기 어려웠던 것이죠.

우리는 '대의명분'을 중요시 하는 나라입니다

그럼, 우리나라 사람들이 가장 중요하게 생각하는 것은 무엇일까요. 여러 가지가 있겠지만 우리나라에서는 많은 사람들의 공감을 이끌어내려면 '대의명분'이 있어야 합니다. 이는 조선 시대 사대부의 문화가 아직도 우리의 사고방식 속에 뿌리내리고 있어서입니다.

대의명분은 사람으로서 마땅히 지키고 행동해야 하는 도리나 본분입니다. 특히 어떤 행동을 할 때 '떳떳이 내세울만한 도덕적 원칙이나 이유'로 해석할 수 있습니다. 조선 시대 계급 사회 아래에서 유교의 이념을 받들며 지내는 동안 자신의 위치에서 해야 마땅한 행동이 있다고 여기게 되었지요. 왕과 신하, 부모와 자녀, 남편과 아내 등으로 역할을 구별 짓고 서로가 지켜야 할 도덕적 행동을 중요하게 생각하게 됩니다. 영화《남한산성(2017)》은 대의명분을 고집하다가 중국 청나라의 침략으로 병자호란을 겪으면서 임금이 피난을 가는 과정에서 벌어지는 이야기가 줄거리입니다. 사대부들이 둘로 나뉘어서 여진족이 세운 청나라를 오랑캐라 여기며 깔보기 바빠 안보 전략을 소홀히 한 탓에, 조선이 바람 앞에 등잔불처럼 위기

를 맞게 되었지요.

500여 년간 조선 시대의 통치이념이었던 유교는 시대가 지나도 우리의 사고체계와 문화 전반에 뿌리를 내리고 있습니다. 세계의 질서가 바뀌고 시대가 바뀌었는데도 유교적 사상을 근거로 한 대의명분만을 고집한다면 국가의 실리를 찾기는 어려워집니다. 유교는 2400여 년 전 중국 춘추전국 시대에 살던 공자가 만든 사상인데, 우리나라가 중국보다 더 유교적인 사고방식에 억눌려 있다면 글로벌 대한민국으로 성장하는 데 걸림돌이 될 수 있지요.

한국전쟁 이후 경제발전에 매진해 온 대한민국이 세계의 리더로 우뚝 서기 위해서는 외교력을 키워야 합니다. 외교력은 우리의 실리를 따지고 이웃국가를 포용하면서 정정당당하게 경쟁할 수 있는 힘입니다. 중국과 일본 등 오랜 세월 이웃으로 지내온 국가들과 어깨를 겨룰 정도로 실력을 키우고, 한편으로는 그들과 함께 협력해 나갈 때 세계가 대한민국을 인정하게 될 것입니다.

가상 인터뷰

책의 시대를 연 주인공, 구텐베르크

책이 보물이었던 시대가 있었어요. 인류 문명이 태동하던 고대에 나라를 다스리는 데 없어서는 안 될 중요한 지식이 책에 담겨있었지요. 계절의 변화를 기록한 천문학, 토지의 크기를 정확하게 계산하는 수학 등이 대표적인 사례입니다. 그러니 책이 보물이고, 보물 같은 책을 손에 넣을 수 있는 자가 권력을 쥘 수 있었습니다. 이렇게 권력자가 아니면 접근하기도 어려웠던 책을 대량으로 인쇄했던 사람이 있습니다. 그 덕에 종교혁명이 일어나고, 뒤이어 과학혁명과 산업혁명의 힘으로 서양의 국가들은 빠르게 발전할 수 있게 되었습니다. 그는 독일의 귀족 출신인 요하네스 구텐베르크(1398~1482년)입니다. 그를 만나보겠습니다.

♥ **안녕하세요. 간단히 자기소개를 해 주십시오.**

반가워요. 요하네스 구텐베르크라고 합니다. 독일 마인츠 출신이고요. 본명은 요하네스 겐스플라이슈입니다. 구텐베르크는 사실 우리 집안이 대대로 살아온 저택(구텐베르크호프 Gutenberghof) 이름에서 따왔어요. 제가 그 집을 물려받아 구텐베르크로 불렸죠. 저는 1452년 금속인쇄술로 성경을 인쇄하는 데 성공했습니다. 그때까지만 해도 베껴 쓴 성경 한 권 값이 노동자 한 달 치 월급과 맞먹을 정도로 비쌌죠. 교회에 가야만 성직자들을 통해서 예수님의 말씀을 들을 수 있었는데, 제가 성경을 인쇄한 이후부터는 누구나 성경책을 통해 예수님의 말씀을 가까이 할 수 있게 되었지요. 대중이 책을 읽게 되면서 만인의 평등과 자유라는 근대 사회의 가치관이 실현되었습니다.

♥ 104년 경에 이미 중국에서 인쇄술이 발명되었는데, 왜 구텐베르크 씨가 금속인쇄술 발명가로 알려졌는지 궁금합니다.

힌트는 위에 있습니다. 대량 금속인쇄 시스템을 만들었기 때문입니다. 조폐국 감독관이었던 아버지가 동전과 훈장을 만들 때 어떤 금속을 섞어야 단단해지는지 알고 계셨죠. 그래서 우리는 단단한 활자를 만들 수 있었습니다. 또 와인 만들 때 포도를 짜던 압착기를 보고 활판을 깔고 종이를 얹어 찍었더니 아주 선명하게 글자가 나오더군요. 이렇게 제작된 성경은 이전 인쇄술 보다 품질이 뛰어났어요. 제 이름을 딴 구텐베르크 성경은 '인쇄한 책의 시대'를 상징하는 아이콘이 되었죠. 유네스코 세계기록유산에도 올라갔어요! 사람들에게 교회에 가지 않고도 예수님을 만

날 수 있는 길을 열어주었으니, 독일에서 종교혁명이 일어난 것도 제가 만든 성경의 힘이 컸죠.

♥ 인쇄소를 하기 전에는 무슨 일을 했습니까?

순례행사에 쓸 기념품 제작을 했죠. 독일 마인츠시 아헨 성당에는 예수님이 십자가에 매달릴 때 둘렀던 천과 같은 성스러운 유물이 보관되어 있어서 늘 순례자들로 넘쳐났거든요. 유물을 비춘 거울을 보는 사람은 복을 받는다는 믿음 때문에 순례자들에게 거울은 필수 아이템이었어요. 그런데 순례 행사가 열리는 1439년에 전염병이 돌아 큰돈을 벌 수 있으리라 기대했던 기념품 판매 계획은 수포로 돌아갔어요. 빚도 졌죠. 그렇다고 주저앉을 수는 없었어요.

♥ 귀족 출신으로 부유하게 살 수 있었을 텐데 왜 어려운 사업가의 길을 선택했나요.

맞아요. 사업가로 살기란 결코 쉽지 않았어요. 하지만 인쇄물에 대한 수요가 늘고 있다는 걸 알고 있었어요. 베스트셀러만 만들면 부자가 되는 건 식은 죽 먹기였어요. 고대 라틴어 교과서

인 문법학으로 공부하려는 사람들이 늘고, 베껴 쓴 성경도 없어서 못 팔던 시절이었으니까요. 사업가로 성공하기 위해서는 우수한 품질의 상품을 만들 수 있는 기술이 있어야 합니다. 저는 아버지와 함께 고향을 떠나 유럽을 떠돌아 다니면서 많은 기술을 배웠어요. 그 과정에서 어려움을 극복할 수 있는 힘을 길렀지요. 어릴 때 금속의 성질을 터득한 덕분에 단단한 활자를 만들 수 있었고, 인쇄 과정에서 글자가 번지지 않는 잉크를 개발하기 위해 중국에서 수입한 먹 대신 기름을 섞어 잉크를 개발했어요. 사람들이 필요로 하는 것을 저렴한 가격에 제공할 수 있다면 예나 지금이나 돈은 많이 벌 수 있습니다. 돈을 많이 벌어 부자가 되면 더 좋은 기술 개발을 위해 투자할 수 있고, 주변 사람들에게 일자리를 제공할 수도 있습니다. 사업가는 좋은 기술로 저렴한 상품을 개발해 세상을 더욱 윤택하게 만드는 사람입니다. 저는 그것을 해 낸 사람입니다.

♥수학 과학 추천도서

학년	제목	출판사	키워드
4학년	쏙쏙 가르고 나누는 혼합물	스푼북	물질, 성질, 혼합물, 분리
4학년	가우스, 동화 나라의 사라진 0을 찾아라	뭉치	덧셈, 뺄셈, 자릿수, 큰수, 가우스
4학년	비교할수록 쉬워지는 단위	부즈펌어린이	단위, 비교, 몸, 우주, 세상
4학년	동물권리 이야기	풀빛미디어	동물, 인간사회, 공존, 생존권
4학년	날씨 이야기	북뱅크	환경, 날씨, 기온, 생활
4학년	파스칼은 통계 정리로 나쁜 왕을 혼내줬어	뭉치	파스칼, 수, 통계, 표, 그래프
4학년	오일러 오즈의 입체도형 마법사를 찾아라	뭉치	도형, 다각형, 입체도형
4학년	우리를 위협하는 자연재해	뭉치	지진, 태풍, 화산, 자연재해
4학년	과학 잘하는 40가지 비밀	부즈펌어린이	과학, 탐구, 실험, 생각
4학년	거울과 렌즈는 마법이 아니야!	알라딘북스	렌즈, 빛, 거울, 그림자
5학년	약수와 배수로 유령 선장을 이긴 15소년	뭉치	약수, 배수, 숫자
5학년	어떻게 문제를 풀까요?	알라딘북스	일상생활, 문제, 수학, 이해
5학년	초등 선생님이 콕 집은 제대로 수학개념 5~6학년	다락원	수학, 개념, 이해
5학년	기체의 비밀을 밝힌 보일	와이즈만북스	과학, 화학
5학년	조지와 빅뱅 1	주니어 RHk	과학, 우주
5학년	정교수의 파자마 수학 탐험대	아울북	수학, 계산, 곱셈, 나눗셈
5학년	멋진 수학 이야기	그린북	수학, 일상 속 수학, 연산, 계산
5학년	반짝반짝 우주의 비밀	파란자전거	지구, 우주, 태양계, 실험
5학년	지동설을 밝힌 코페르니쿠스	와이즈만북스	코페르니쿠스, 천동설, 지동설
5학년	미생물학의 아버지 파스퇴르	와이즈만북스	생물, 미생물,
6학년	오밀조밀 세상을 만든 수학	봄별	수학, 수, 비례, 수학자
6학년	마법을 파는 가게	알라딘북스	통계, 비율, 퍼센트
6학년	로미오와 줄리엣이 첫눈에 반할 확률은?	뭉치	통계, 확률, 비율그래프
6학년	갈릴레오 아저씨네 비밀 천문대	주니어김영사	지구, 갈릴레오, 천문대, 자전, 공전
6학년	시끌벅적 화학원소 아파트	반니	주기율표, 원소, 화학
6학년	비례배분으로 보물섬을 발견한 해적 실버	뭉치	수학 비례식, 비례배분
6학년	개념연결 초등수학사전	비아에듀	수학, 개념, 학습
6학년	미래과학 – 3D 증강현실 앱 입체영상	아이위즈	과학, 증강현실, 원리
6학년	고릴라에게서 평화를 배우다	논장	공존, 행복, 평화, 생물
6학년	노벨 아저씨네 미스터리 팡팡센터	주니어김영사	화약, 노벨, 노벨상

♦ 국립 어린이청소년도서관의 사서 추천도서 목록과 경기도 학교도서관 사서협의회의
〈2019학년도 초등 교과서 수업 연계도서〉를 바탕으로 재구성하였습니다.

2교시

수학
과학

몸과 마음은 하나다

인류가 함께 살아갈 지구

숫자로 이루어진 세상

1

몸과 마음은 하나다

미생물과 친하면 속이 편하다!

우리 몸속에는 눈에 보이지 않는 아주 작은 생명체가 많이 살고 있어요. 미생물이라고 합니다. 미생물이 가장 많이 살고 있는 곳은 대장입니다. 건강한 미생물이 많아야 몸과 마음이 평화롭고 행복해집니다.

5-1 / 과학 / 다양한 생물과 우리 생활

"누가 내 머리에 똥 쌌어!"

작은 두더지는 누군가 자기 머리 위에 똥을 싸고 갔다는 사실을 알고 범인을 찾아 나섰어요. 처음 만난 새에게 "내 머리 위에 똥 쌌니?"라고 물어봤더니 아니라고 말해요. 두더지는 똥의 주인을 찾아 말, 토끼, 염소, 소, 돼지를 잇따라 만나면서 똥의 주인을 가려내느라 안간힘을 쓰지요. 마침내 파리들의 도움을 얻어 똥의 주인이 정육점에 사는 개 '뚱뚱이 한스'라는 것을 알게 되었답니다. 두더지는 한스의 머리에 똥을 싸며 복수를 한 뒤 자신의 집으로 돌아갔답니다. 독일 작가가 쓴 동화책《누가 내 머리에 똥 쌌어?》의 줄거리입니다.

'똥'하면 가장 먼저 떠오르는 단어가 무엇일까요? '더럽다' '냄새 난다'와 같이 좋지 않은 느낌의 단어들이 떠오르죠? 내 몸속에서 나온 노폐물이라고 해도 똥은 물컹하면서 냄새가 심하게 나기도 하니까요. 심지어 색깔도 '똥색'이라 부르면 좋지 않은 느낌이 들어 있잖아요.

그런데 요즈음 이 똥에 대한 연구가 새롭게 활기를 띠고 있습니다. 그 속에 들어있는 미생물 때문입니다. 똥의 수분을 제거하면 3분의 1 정도가 미생물 덩어리거든요. 미생물에도 좋은 미생물, 나쁜 미생물 그리고 보통의 그저 그런 미생물이 뒤섞여있습니다. 그러니 똥이 더럽기만 한 건 아니죠.

미생물(微生物)이라는 한자를 찬찬히 뜯어보면 '아주 작은 생명체'라는 뜻이 있습니다. 개별 미생물이 합쳐져서 덩어리를 이루고 있는 것은 마이크로바이옴(Microbiome)이라고 합니다. 마이크로바이옴은 인간과 동식물은 물론 땅, 바다, 호수, 절벽, 공기 등 우리를 둘러싼 환경 속에 살고 있는 미생물과 유전 정보 전체를 가리키는 말이죠. 즉, 우리 몸은 물론 전 지구가 미생물로 덮여있다고 봐도 틀린 말이 아닙니다.

우리 몸속에 있는 마이크로바이옴의 개체 수는 세포 수보다 많아요. 70 kg 정도 나가는 성인의 몸속 미생물의 숫자가 대략 39조 개. 무게는 약 200g 정도입니다. 사람의 세포 수는 약 37조 개 정도이니 우리 몸속에는

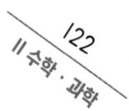

세포보다 더 많은 미생물이 있는 셈이지요. 사람의 몸을 기준으로 보면 마이크로바이옴은 피부나 입속에도 있지만 십이지장부터 대장에 이르는 장속에 주로 많이 살고 있습니다.

그런데 이렇게 중요한 마이크로바이옴을 본격적으로 연구하기 시작한 시기는 그리 오래되지 않았어요. 지난 2014년에 열린 세계경제포럼❋에서 세계 10대 유망 미래기술 중 하나로 인체 마이크로바이옴 치료제가 선정되면서 세계적인 주목을 받고 있으니까요. 지금까지의 성과보다는 앞으로의 연구가 더 기대되는 분야입니다.

세계경제포럼 (WEF)
매년 1~2월 스위스 동부에 위치한 휴양지인 다보스에서 열리는 국제 민간회의로 다보스포럼이라고도 부른다. 세계적인 기업가, 경제학자, 정치인들이 참가해 세계 지역의 현안과 산업의 방향을 제안하면서 세계경제 문제를 논의한다.

미생물과 인류의 오랜 동거

인간은 언제부터 미생물과 함께 살았을까요. 아프리카 야생 침팬지와 고릴라의 장내 마이크로바이옴을 오늘날 지구에 살고 있는 인류와 비교해 본 연구 결과, 대략 1500만 년 전부터 같이 살았다고 합니다. 그렇게 오래 전부터 인간과 미생물의 동거가 이어지고 있었던 거지요.

그런데 왜 갑자기 미생물 연구를 한다고 전 세계가 호들갑을 떨고 있을까요? 내 몸속에 살고 있는 미생물이 나의 건강을 책임지고 있다는 연구 결과가 잇따라 나오면서부터입니다. 눈에도 보이지 않는 미생물이 비만,

당뇨, 아토피와 같은 현대인들의 질병에 깊이 관련이 있다고 합니다. 최근에는 우울증, 자폐증, 치매 같은 정신질환과 뇌와 관련된 질병에도 미생물이 영향을 준다고 밝혀졌습니다.

마이크로바이옴에 대해서 좀 더 알아볼까요. 마이크로바이옴은 다양한 미생물 종류로 구성되어 있어요. 대표적인 미생물이 박테리아입니다. 병원균 혹은 세균이라고 부르는데요, 엄청난 속도로 번식하여 우리 몸의 면역 체계가 약할 때에는 질병을 일으키기도 하지만, 면역 체계✹가 단단한 몸속으로 들어오면 박테리아는 그냥 우리 몸과 하나가 되죠. 때로는 우리 몸속 노폐물을 제거하거나 외부에서 침입하는 바이러스를 물리치기도 합니다.

면역 체계
세균이나 바이러스로부터의 감염이나 질병으로부터 몸을 보호하는 장기, 조직, 세포, 체액의 생체 시스템을 말한다. 병을 일으키는 외부 침입자가 우리 몸속으로 침입하려 할 때 침입자들을 방어할 수 있는 체계이며, 이를 면역 체계라고 한다.

그럼, 장내 미생물은 무엇을 먹고 살까요. 미생물의 먹이는 대부분 섬유질입니다. 섬유질은 곡물이나 채소 등에 많이 있어요. 사실 섬유질은 위가 소화를 시키지 못해서 고스란히 대장으로 가게 됩니다. 그러면 대장 속에 사는 마이크로바이옴이 기다리고 있다가 섬유질을 먹고 힘을 내지요. 그런데 장내 미생물에게 충분한 섬유질을 주지 않으면 어떻게 될까요. 먹을 게 없을 때는 미생물이 장내의 피부를 뜯어 먹기도 합니다. 으악!

섬유질이 많은 채소를 먹으면 몸속 미생물이 활발하게 움직여 건강한 몸을 유지할 수 있습니다. 평소에 인스턴트 음식을 주로 먹거나 화학 첨가물이 들어간 음식을 좋아한다면 섬유질을 먹을 기회가 적어지고, 소화계에 적신호가 켜지게 되지요. 장이 건강하지 않으면 노폐물을 밖으로 빼내는 데도 어려움을 겪을 수 있습니다. 변비에 걸리거나 반대로 설사를 할 수도 있죠.

배변 활동이 잘 이루어지지 않는다고 해서 큰 일이 생기는 건 아니지만, 그렇다고 지나쳐 버려서는 안 됩니다. 장 건강이 우리 몸의 건강과 직결되어 있다는 게 최근 연구의 결과로 속속 밝혀지고 있거든요. 마이크로바이옴은 장에만 머물지 않고, 대장 벽을 타고 혈관을 통해 뇌나 간 등 다른 장기로 쉽게 옮겨 다닙니다. 쥐도 새도 모르게 말이죠. 그런데 미생물이 사는 장내에 섬유질과 같은 먹이가 부족하면 소장과 대장의 벽을 뜯어먹다가, 이마저도 부족해지면 뇌나 간과 같은 신체 기관을 공격하게 됩니다.

심해지면 우리 인체는 면역 체계가 무너지고 심각할 경우 병에 걸리게 됩니다. 예전에는 찾아보기 힘들었던 아토피, 알레르기 등 환경 질병의 원인을 장내 마이크로바이옴의 역습이라고 전문가들은 진단하고 있습니다.

미생물과 친해지는 방법!

미생물에도 좋은 미생물(25%)과 나쁜 미생물(15%) 그리고 좋지도 나쁘지도 않은 그저 그런 미생물(60%)이 있다고 앞서 설명했습니다. 우리 몸

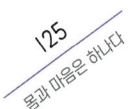

속 미생물과 함께 잘 살기 위해서는 미생물이 골고루 분포되어 있어야 합니다. 가공 식품 위주의 식단을 계속 유지하면 몸속에는 나쁜 미생물이 많아지게 됩니다. 신기한 것 중 하나는 좋은 미생물이 많을 때는 아무 일 없이 조용히 지내던 그저 그런 보통의 미생물도 장내에 나쁜 미생물이 증가하면 돌연 나쁜 미생물의 편에 붙어서 우리 몸을 공격하게 됩니다.

좋은 미생물이 우리 장내에 25퍼센트 정도는 유지되기 위해서는 섬유질을 충분히 먹어야 합니다. 인스턴트 음식이나 가공 식품을 먹었다면 채소를 조금 더 신경 써서 챙겨먹으면 됩니다. 장이 튼튼해야 뇌와 정신까지 건강해지니까요.

미생물과 친하게 지내려면 가끔 자연으로 들어가세요. 자연환경이 우리 몸속의 미생물 체계와 비슷하기 때문에 아주 적은 양의 박테리아를 손으로 만지는 것만으로도 면역 체계가 강화됩니다. 그러니 숲이나 강, 바다와 같은 자연환경에서 적은 양의 박테리아를 조금씩 접하면서 내 몸이 미생물과 친해지는 것이 중요해요. 몸속에 좋은, 나쁜, 그리고 보통의 다양한 세균을 갖고 살면서 그들과 친하게 지내야만, 갑자기 낯선 박테리아나 많은 양의 세균이 침입해도 쉽게 극복할 수 있거든요.

박테리아와 바이러스가 함께 살아가는 세상

박테리아와 바이러스는 엄연히 다르답니다. 크기부터 차이가 나는데, 박테리아는 바이러스보다 1000배는 크답니다. 하지만 둘 다 눈으로 볼 수가 없어 현미경이 필요합니다. 둘 다 병을 일으키는 미생물이지요. 그런데 박테리아는 혼자서도 살 수 있지만, 바이러스는 혼자서는 못 살아요. 숙주 즉, 기생할 수 있는 생명체가 있어야 합니다.

5-1 / 과학 / 다양한 생물과 우리 생활

다른 사람의 행복을 나의 즐거움으로 아는 호빵맨. 믿음직스러운 호빵맨을 무찌르기 위해 세균별에서 세균맨을 지구로 보냅니다. 세균맨은 곰팡이를 다루기도 하고 온갖 무기로 못된 꿍꿍이를 부리면서 호빵맨을 이기려 하지만 번번이 지고 말죠.

애니메이션 《날아라 호빵맨》에 등장하는 세균맨! 애니메이션에서 세균맨은 귀여운 악당입니다. 그렇다면 현실 세계에서도 세균은 귀여운 존재일까요. 세균은 영어로 박테리아라고 합니다. 이 세균의 정체는 무엇일까요. 그리고 박테리아보다 더 작은 바이러스는 또 무엇일까요. 박테리아는 인류가 처음 발견한 바실러스 박테리아의 모양이 막대기처럼 생겨서 '작은 막대기'라는 뜻의 고대 그리스어에서 착안해 이름을 지었습니다. 또 바이러스(virus)는 라틴어에서 빌려온 단어로 독물, 독소라는 뜻이 있습니다. 박테리아와 바이러스는 인간에게 어떤 영향을 주고 있을까요.

눈에 보이지 않지만 살아있어요!

생물을 분류할 때 0.1㎜ 이하 크기의 단세포 생물을 미생물이라고 합니다. 이 기준으로 보면 바이러스와 박테리아 모두 미생물입니다. 박테리아는 보통 수 마이크로미터(㎛, 100만 분의 1m) 크기 정도이지만, 바이러스는 이보다 훨씬 작아요. 큰 바이러스라고 해도 크기가 수백 나노미터(㎚, 10억 분의 1m) 정도입니다. 박테리아가 바이러스보다 평균 1000배 더 크답니다. 맨 눈으로는 볼 수 없는 미생물은 현미경으로 관찰합니다. 특히 바이러스는 작아도 너무 작아서 전자현미경✳으로만 볼 수 있어요. 그래서 인류가 미생물을 연구하기 시작한 시기는 그리 오래되지 않았습니다. 16~17세기 산업혁명과 과학혁명으로

> **전자현미경**
> 광학현미경과 달리 전자의 음극선을 사용해 사물을 확대하는 현미경이다. 전자현미경은 10만 배의 비율로 물체를 관찰할 수 있어 빛으로 물체를 확대하는 광학현미경보다 더 세밀하게 관찰할 수 있다.

현미경과 같은 실험 도구와 장비가 발명되기 이전에는 미생물을 관찰할 수조차 없었으니까요.

세계 최초로 세균을 발견한 사람은 독일의 의사이자 미생물학자인 하인리히 헤르만 로베르트 코흐(1843~1910년)입니다. 그가 처음 발견한 세균은 탄저균(1877년)입니다. 이후에 결핵균(1882년), 콜레라균(1885년)도 잇따라 발견했습니다. 미생물을 열심히 연구한 코흐 박사는 결핵균을 발견한 공로를 인정받아 1905년 노벨생리학·의학상을 받았습니다.

인류가 최초로 발견한 바이러스는 '담배모자이크 바이러스'입니다. 1883년 미국 신경정신과 의사 아돌프 마이어가 식물에서 전염되는 담배모자이크병의 원인이 세균이 아니라 세균보다 더 작은 무엇인가에 의한 것이라는 사실을 알게 되었어요. 하지만 바이러스를 과학적으로 검증할 수 있는 도구가 없었지요. 세균보다 더 작아서 광학현미경으로는 정체를 확인할 수가 없었기 때문입니다.

50여 년 후 거듭되는 실험 끝에 미국의 생화학자 윈델 M. 스탠리가 1935년 전자현미경으로 바이러스의 정체를 발견했습니다. 그는 바이러스의 분자 구조를 밝혀낸 공로를 인정받아 1946년 존 노스롭, 제임스 섬너와 함께 노벨화학상을 받았습니다.

백신을 만들기도 어려운 바이러스

박테리아와 바이러스의 가장 큰 차이점은 혼자 살 수 있느냐 없느냐에 달려있습니다. 박테리아는 세포 활동의 기본 영양소인 단백질을 합성할 수 있어 스스로 살아갈 수 있습니다. 그러나 바이러스는 숙주, 즉 기생할

생물이 없으면 살 수가 없습니다.

지난 2019년 12월 중국 우한에서 시작된 신종 바이러스 '코로나19'가 전 세계로 퍼져 수백만 명이 증상을 호소했습니다. 게다가 코로나 바이러스는 거듭 돌연변이를 일으켰습니다. 따라서 바이러스는 관찰부터 진단 그리고 치료에 이르기까지 인간에게는 큰 공포의 대상이자 도전 과제이기도 합니다.

병원성 박테리아로 인한 질병은 항균제가 어느 정도 개발이 되어 전염이 되어도 치료할 수 있지만, 바이러스는 치료제를 만들기가 어렵습니다. 바이러스가 숙주 생물에 기생하면서 새로운 형태로 변이를 일으키기 때문이지요. 매년 전 세계에 독감바이러스가 퍼져도 뚜렷한 치료제를 개발하지 못하고 있는 것도 그런 이유 때문입니다. 다만 열이 나면 해열제를, 그리고 몸살이 생기면 통증을 완화하는 약을 처방하는 식으로 증상에 따라 치료를 하지요.

정부와 의료기관 그리고 예방 당국에서 위험한 바이러스가 퍼지면 손 씻기와 같은 개인위생을 철저히 하고 충분한 수면과 영양 섭취로 건강을 유지하라고 권유하는 이유도 여기에 있습니다.

이것마저 알려주마!

: 질병을 퍼뜨리는 병원체 바이러스와 박테리아

바이러스와 박테리아 모두 인류 역사의 방향을 바꿔놓는 전염병을 일으키기도 했습니다. 인류 역사상 가장 혹독했던 바이러스와 박테리아 전염병에 대해 알아볼까요.

첫 번째, 고대 로마 제국을 무너뜨린 '천연두'

바이러스가 전파한 질병으로는 천연두가 대표적입니다. 천연두는 고대 로마 제국이 몰락하게 된 원인 중 하나로 꼽히죠. 몽골 고원에 거주하던 훈족이 게르만 민족이 사는 곳으로 이동하면서 천연두를 퍼뜨렸습니다. 천연두가 로마 제국으로 퍼지면서 사람들이 속절없이 죽어나갔던 것이죠.

두 번째, 유럽 인구 30%의 목숨을 앗아간 '흑사병(페스트)'

박테리아가 전파한 전염병으로는 14세기 흑해 북쪽 제노바에서 급속하게 퍼진 흑사병(Pest)이 있습니다. 흑사병은 쥐의 피를 먹은 벼룩이 사람의 몸에 붙어 피를 빨면서 병을 옮겼어요. 14세기에 발병한 흑사병으로 유럽에서는 약 2500만 명이 죽었어요. 당시 유럽 인구의 약 30%가 흑사병으로 사망했습니다. 이후에도 유럽에는 100여 차례 흑사병이 돌았습니다.

세 번째, 현대를 강타한 '인플루엔자'

20세기에는 '인플루엔자' 바이러스가 전 세계에 퍼져 많은 희생자를 낳았습니다. 1918년 전 세계에 번진 스페인 독감이 대표적입니다. 스페인 독감에 감염되어 사망한 사람은 1차 세계대전으로 희생된 사람들 보다 더 많았습니다. 1차 세계대전으로 사망한 사람이 1500만 명이었는데, 스페인 독감으로 5000만 명이 넘는 사람이 목숨을 잃었죠. 지금도 매년 겨울철이면 인플루엔자 바이러스가 독감이라는 이름으로 우리 주변을 서성이고 있습니다. 국민건강보험공단의 조사에 따르면 1년에 독감을 앓는 환자가 1700여만 명에 이르며, 약 4000여 명이 독감 바이러스로 사망하고 있습니다.

나는 오늘도
자라고 있어요

태어난 후 여러분은 계속 자라고 있습니다. 세포로 이루어진
인간의 몸은 입으로 들어온 음식을 영양소로 바꿔
활동 에너지로 쓰고 있지요. 우리 몸에 대해 알아봅시다.
에너지원이 되는 영양소도 알려드리겠습니다.

5-2 / 과학 / 우리 몸

우리 몸을 이루고 있는 최소 단위는 세포입니다. 가장 큰 세포인 난자도 지름이 약 0.01㎜(1㎛) 정도로 매우 작아요. 머리카락보다 얇으니 눈으로 보기는 어렵겠죠. 뇌 세포, 피부 세포, 신경 세포, 감각 세포 등 세포의 종류도 다양합니다.

인간의 몸속에 세포가 몇 개나 있는지 정확하게는 알 수 없지만, 37조 개 정도가 있다고 과학자들은 추정하고 있습니다(1조는 1억이 1만개 모인 숫자의 크기). 이렇게 작은 세포가 살아 움직이는 덕분에 우리의 생명이

유지됩니다. 세포가 살아 움직이는 활동을 '대사'라고 하지요. '신진대사가 활발하다'라는 말은 세포들이 열심히 움직여서 에너지를 잘 쓰고 있다는 뜻입니다. 세포마다 에너지를 만들기 위해 부지런히 영양소를 분해하고 단백질이나 핵산을 합성하게 되니까요.

핵산
지구상의 모든 생명체가 생명을 유지하는 데 필수적인 작은 생체 분자. 핵산은 DNA(디옥시리보핵산)와 RNA(리보핵산) 모두를 포함한다.

우리 몸속에 있는 세포들은 각자 하는 일이 달라요. 예를 들어볼까요. 적혈구는 바깥에서 산소를 가져와서 몸속 곳곳으로 보냅니다. 피부 세포는 사람의 몸을 둘러싼 겉면에 조직을 만들어요. 또 생식 세포는 다음 세대에 유전 정보를 전하는 중요한 임무를 맡고 있습니다. 감각 세포는 여러 가지 자극에 반응하는 일을 맡고 있어요. 가장 오래 사는 세포는 적혈구인데, 약 120일을 살아요. 피부 세포는 28일, 정자는 5일, 난자는 2일 정도 살아있습니다.

같은 종류의 세포가 모이면 조직을 만들고, 그 조직이 모여 우리 몸속의 기관이 됩니다. 위, 소장, 심장과 같은 오장육부는 같은 종류의 세포 조직이 제각기 모여서 만들어진 내장 기관입니다. 소화를 담당하는 내장 기관으로는 위, 내장, 소장, 대장이 있는데, 모두 합쳐 소화계라고 하지요.

음식을 골고루 먹고 에너지를 얻어요

인간의 생명을 유지하는 데 필요한 에너지는 어떻게 만들어질까요. 우

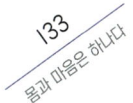

리 몸은 음식물을 연료로 씁니다. 음식물이 입안으로 들어가 소화 기관을 거치면서 영양소가 만들어지고, 그 영양소는 아주 잘게 쪼개져 우리 몸속에 있는 모든 세포로 보내집니다. 영양소를 만들고 남은 찌꺼기 즉, 노폐물은 소변과 대변이 되어 몸 밖으로 빠져나오지요.

입안으로 들어온 음식물이 우리 몸을 빠져나가는 데는 대략 48시간 정도가 걸립니다. 입에서 치아가 음식물을 잘게 자르고 침과 섞어 으깬 후 꿀떡 삼키면 식도를 거쳐 간과 췌장, 위, 소장 그리고 대장과 직장을 거치게 됩니다.

음식물에서 얻은 영양소는 우리 몸을 자라게 하고 다치거나 아플 때 스스로 회복할 수 있도록 도와줍니다. 또 운동을 하거나 일상생활을 할 때 필요한 에너지를 주기도 하죠.

살아가는 데 필요한 필수 영양소를 꼽아볼까요? 탄수화물, 단백질, 지방, 무기질, 비타민입니다. 5대 영양소라고 하지요.

우리 몸을 지켜주는 어벤져스 영양소

5대 영양소의 역할을 알아보겠습니다. 탄수화물은 우리 몸이 움직이고 힘을 내는 데 필요한 전체 에너지의 60% 이상을 만들어냅니다. 주로 쌀, 감자, 고구마, 옥수수 등에 많이 들어있어요. 탄수화물이 부족하면 신경이 지나치게 예민해지거나, 생각하는 능력이 떨어지게 됩니다.

단백질은 우리 몸의 근육을 형성하는데 없어서는 안 될 성분입니다. 단백질이 소화 과정을 거쳐 아미노산으로 분해되면 근육이 만들어집니다. 단백질은 육류, 콩, 달걀, 두부 등에 많이 들어있어요. 단백질이 부족하면 우리 몸은 아미노산을 공급받지 못해 면역력이 떨어지고, 빈혈과 같은 증상이 나타나게 됩니다. 성장기에 단백질이 부족하면 키가 덜 크거나 몸이 마르는 등 발육 상태가 나빠질 수 있답니다.

지방은 체온을 유지해주고 몸이 외부의 충격을 받을 때 내장 기관을 보호하는 역할을 맡고 있는 영양소입니다. 지방을 먹으면 살이 찐다는 생각은 오해입니다. 지방은 적은 양으로 많은 에너지를 낼 수 있기 때문에 아주 효율적인 영양소입니다. 대신 우리 몸에 지방이 많아서 다 쓰고도 남으면 몸 밖으로 내 보내지 않고 저장을 합니다. 영양소가 부족할 때를 대비해 피부층 아래에 쌓아두는 것이지요. 살이 찔까 두려워 지방을 먹지 않으면 몸속에 영양소가 부족해져 몸의 기능이 떨어지고, 밖에서 오는 충격을 받으면 내장 기관이 망가질 수도 있습니다.

무기질은 몸속에 수분량을 조절하고 뼈와 인체의 조직을 구성하는 데 필요한 영양소입니다. 무기질의 종류로는 칼슘, 나트륨, 마그네슘, 아연, 인, 구리, 아미노산, 염소, 게르마늄 등 20가지 정도가 있습니다. 무기질이 부족하면, 빈혈, 무기력증, 우울증, 면역 기능 감소, 근육 경련, 당뇨, 구루병(등이나 다리가 휘어지는 병) 등 여러 가지 질병에 걸릴 수 있습니다.

비타민은 신체의 기능을 정상으로 유지하고 성장하는 데 쓰이는 영양소입니다. 앞서 네 가지 영양소에 비하면 적은 양으로도 충분히 제 역할을 하지만, 부족해지면 질병에 쉽게 걸릴 수 있습니다. 비타민은 몸속에 쌓인 독소를 제거하며 면역력을 키워주거든요. 무기질과 비타민은 채소와 과일에 많이 들어있어요.

그렇다면 잠을 자는 데에도 칼로리가 필요할까요? 맞아요. 우리 몸은 잠자는 동안 한 시간에 75칼로리 정도를 씁니다. TV를 보는 데에는 한 시간에 100칼로리, 수영, 달리기 등을 할 때에는 한 시간에 200칼로리를 씁니다. 운동할 때 칼로리를 더 많이 쓰는 건 당연한 사실이겠죠!

우리 몸은 물로 채워져 있어요

그런데 5대 영양소 외에도 우리 몸에 없어서는 안 될 한 가지가 있습니다. 그건 바로, 물! 몸속에는 40리터의 물이 늘 채워져 있어야 합니다. 혈액의 95%, 뇌의 85%, 신장과 폐의 80%, 심장의 77%, 근육과 간의 73%, 피부의 71%가 물로 채워져 있거든요. 하물며 뼈(22%), 치아(10%)에도 물이 필요합니다. 우리 몸의 절반 이상은 물이랍니다.

물은 노폐물을 없애주고 세포에 영양소를 전달하며 체온을 조절하기도 하죠. 소변과 대변, 그리고 땀에 섞여 빠져나가는 양이 있으니, 수시로 물을 채워줘야 합니다. 만약 몸속에서 1.5리터의 물이 빠져나가면 "아, 목이 마르다"하고 느낄 정도이지만, 5리터의 물이 빠져나간다면 어지러워지고, 6리터가 빠져나가면 혀가 붓고 헛소리를 하게 됩니다. 이 정도로 물이 빠지면 혈액이 줄어들 뿐 아니라 신장에 문제가 생기게 됩니다.

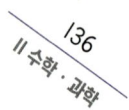

미세한 혈관으로 이루어진 신장은 노폐물을 걸러 소변으로 내 보내는 역할을 하는데, 물이 부족하면 신장 내부에 있는 사구체라고 하는 작은 필터가 고장이 나서 노폐물을 제대로 걸러내지 못하게 되거든요. 우리 몸속에 노폐물이 빠져나가지 못한 채 남게 되면 내장 기관이 망가지기 시작합니다. 그래서, 밥을 먹지 않고도 일주일을 버틸 수 있지만, 물을 먹지 않으면 이틀을 넘길 수가 없어요.

　자 그럼, 건강하게 지내려면 어떻게 해야 할까요. 5대 영양소를 섭취하기 위해 골고루 잘 먹고, 잘 자고, 운동을 해야 합니다. 하루 동안 섭취하는 음식물 중에 단백질과 지방(20%), 탄수화물(70%), 그리고 비타민(10%)은 꼭 포함돼야 합니다. 여기에 한 가지 더! 몸속 노폐물도 잘 빼내야하니, 틈틈이 물을 마셔주는 것도 잊지 마세요!

마음은 심장에 있을까, 뇌에 있을까?

'사랑'을 표현할 때 여러분은 어떤 신체 기관이 떠오르나요? '하트(Heart)' 즉 심장이겠죠. 두 손을 머리 위로 모아 환하게 웃으며 하트 모양을 만들어 보이거나, 펜이 있으면 빨간 하트를 그려서 보여주겠죠. '마음은 어디에 있을까요?'라고 물어보면 누가 먼저라고 할 것도 없이 가슴에 손을 얹게 되지요. 정말로 마음은 심장에 있을까요?

5-2 / 과학 / 우리 몸

심장을 포함해 모든 신체 기관을 움직이는 곳은 따로 있습니다. 바로 뇌입니다. 우리 몸을 통제하고 마음도 조절하는 뇌는 어떻게 생겼을까요.

성인의 뇌 무게는 약 1.4kg 정도로, 몸무게의 약 2.5%를 차지할 정도로 작은 기관입니다. 하지만 우리가 먹는 음식의 영양소 가운데 20%를 뇌가 흡수합니다. 크기나 무게에 비하면 엄청난 양이지요. 영양소 중에서도 뇌는 포도당을 가장 좋아합니다. 먹은 음식을 분해해서 만든 포도당 중 50%를 뇌가 흡수하니까요. 뇌에서는 1천억 개에 이르는 신경 세포가 치밀하게 움직이고 있어서 엄청난 에너지가 필요합니다.

  뇌의 구성 물질을 한번 볼까요. 뇌의 80%는 물로 차 있습니다. 그리고 두개골 속에 쪼글쪼글 주름진 덩어리의 60%는 지방으로 되어있지요. 뇌에는 왜 이렇게 지방이 많은 걸까요. 뇌의 신경 세포가 전기 신호를 전달해야하는데, 이때 신호를 정확하게 전달하는 데에는 지방이 아주 효과적이기 때문입니다. 전기선이 플라스틱 재질로 싸여있듯이 지방이 뇌의 신호를 전달하는 세포의 포장지 역할을 하거든요. 그렇다고 해서 지방을 많이 먹을 필요는 없어요. 편식하지 않고 골고루 잘 먹어야만 뇌가 활발하게 움직이니까요.

  뇌의 신경 세포를 뉴런이라고 합니다. 1천억 개에 이르는 뉴런은 1천조 개의 신경 다발(시냅스)로 연결되어 있어요. 얼핏 봐서는 아주 복잡하게 얽히고 설킨 듯 보이지만 뇌는 아주 정교하게 이루어진 신체 기관입니다. 마치 나뭇가지들이 연결되어있는 모습과 비슷해서 뉴런을 나무에 비유하는 사람도 있습니다.

  뉴런의 세포체에서 뻗어 나온 짧은 돌기를 수상돌기라고 하는데 '나무'를 뜻하는 그리스어에서 나온 말입니다. 또 가늘고 긴 줄기처럼 세포체의 반대쪽으로 나온 부분을 축색돌기라고 하는데 '가지를 뻗다'라는 의미의 영어 단어에서 나온 이름입니다. 100여 년 전 현미경으로 처음 세포를 보고나서 과학자들이 떠올린 이미지에서 나온 언어랍니다.

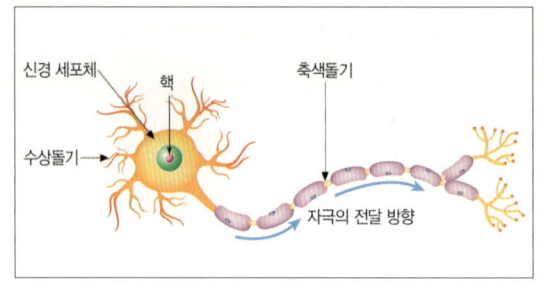 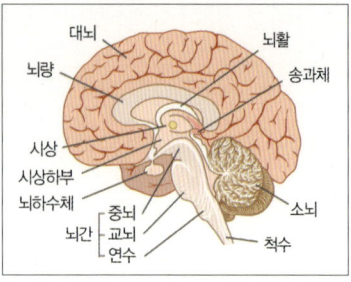

(왼쪽)뉴런의 구조와 (오른쪽)뇌의 단면도

내 마음 나도 몰라, 뇌에게 물어봐~

뇌는 크게 대뇌, 중뇌, 교뇌, 연수, 소뇌 등의 영역으로 구분되는데요, 고등 동물일수록 대뇌가 가장 크고 중요한 기능을 합니다. 대뇌 중에서 이마 부위에 위치한 전두엽은 아주 더디게 발달하게 됩니다. 대부분의 뇌 부위는 태어나서 한 해가 될 때까지 폭풍성장을 하지만 전두엽을 포함한 대뇌피질(대뇌를 감싸고 있는 가장 바깥 부분) 부위는 12~16세까지 계속 발달합니다.

> **전두엽**
> 기억력, 사고력, 언어활동을 담당하고 있는 뇌의 기관이다. 합리적인 판단과 사람과의 관계형성 등에 작용하고 있다.

뇌의 가장 중요한 부위로 알려진 전두엽이 본격적으로 커지는 이 시기에는 엄마가 하는 말이 잔소리처럼 느껴지고 울컥 화가 나기도 하고 별일이 아닌데 깔깔거리기도 합니다. 정서적으로 아주 활발하게 움직이기 때문입니다. 이때를 사춘기라고 부르죠. 청개구리 같이 마음을 먹기도 하고, 산으로 가라고 하면 바다로 가고, 바다로 가라고 하면 산으로 가고 싶은 마음도 든답니다. 뇌가 발달하는 성장기이기 때문입니다. 별일도 아닌데 울컥 화가 나거나 짜증이 폭발한다면 '아! 나의 뇌가 지금 성장하고 있구나'라고 생각하면 되요!

인간의 뇌는 다른 동물에 비해 주름이 아주 많아요. 그 이유는 작은 두개골 안에 최대한의 면적을 구겨 넣기 위해 수십만 년간 진화해 온 결과입니다. 주름이 많이 잡힌 뇌일수록 성능이 좋다고 할 수 있겠죠.

뇌를 움직이는 신경 전달 물질은 약 200개가 있는데 우리의 몸과 마음을 움직이는 역할을 맡고 있어요. 대표적인 신경 전달 물질로 도파민, 세로토닌, 노르아드레날린, 글루타민 등이 있습니다. 이 중에서 세로토닌은 정서를 조절하는 물질로, 먹고 싶은 마음, 사랑하고 싶은 마음 그리고 잠자고 싶은 마음, 공부하고 싶은 마음 등을 일으키는 역할을 합니다. 만약 뇌에서 세로토닌이 충분히 나오지 않으면 우울한 생각이 슬며시 생겨나게 됩니다. 이처럼 200여 가지의 신경 전달 물질은 제각각 맡고 있는 기능이 다릅니다.

지금까지 살펴본 것처럼 뇌는 우리 몸을 통제하고 조절하는 역할을 합니다. 심장이 뛰게 하고, 생각을 하게 만들 뿐 아니라, 듣고 느끼며 말을 하고, 운동을 할 수도 있게 해주지요. 한편으로는 중독에 빠지게도 하며, 나쁜 결심을 하도록 조종하기도 합니다. 이처럼 뇌가 우리의 행동을 결정하고 정서를 조절하는데 마음이 심장에 있다는 말이 옳은 것일까요. 그래서 뇌 과학자들은 마음이 뇌에 있다고 답합니다.

2 인류가 함께 살아갈 지구

물체는 물질로 이루어져 있다

물체와 물질은 과학의 기본적인 개념입니다.
두 단어는 어떤 관계일까요. 물체는 모양을 갖고
있으면서 공간을 차지하고 있으며 무게를 가지고 있어요.
물질은 그런 물체를 이루는 재료가 됩니다.

3-2 / 과학 / 물질의 상태

나무로 된 의자 목이와 쇠로 된 의자 철이는 단짝 친구였습니다. 모양이 비슷하다는 이유에서였죠. 겉으로 봐서는 똑같이 생겼거든요. 그런데 어느 날 나무로 된 책꽂이 꽂이가 나타났어요. 꽂이는 목이에게 다가와 이렇게 말했죠. "우리가 진정한 친구야. 속이 같거든."

철이는 꽂이에게 화를 내며 이렇게 말했어요. "모양도 다르게 생겼는데 어떻게 네가 목이의 친구니?"

"사실 목이랑 나는 나무로 만들어졌어. 모양이 다를 뿐 속은 같아. 넌 철로 만들어졌잖아." 꽂이의 말에 철이는 한방 맞은 표정을 지으며 쓸쓸히 돌아섰습니다.

목이와 꽂이는 나무로 되어있고, 철이는 쇠로 되어있다는 말에서 물체와 물질의 개념을 확인할 수 있습니다. 의자와 책꽂이는 물체이고, 나무와 쇠는 물질입니다.

내 주변에 있는 모든 사물을 물체라고 할 수 있습니다. 집, 학교, 운동장 어디를 둘러봐도 물체로 가득 차 있습니다. 물체는 유리, 고무, 헝겊, 플라스틱, 금속, 종이, 나무와 같은 물질로 이루어져 있습니다.

물체를 쪼개고 쪼개면 원자가 남아요

한강 주변으로 나가볼까요. 공기가 아주 상쾌하네요. 한강에는 물이 가득 차 있고, 강가에는 멀리 아파트들이 벽처럼 늘어서 있습니다. 강을 가로질러 놓인 다리 위로는 지하철이 지나가고 있어요. 한강변 도로는 자전거를 타는 사람들이 많이 오가는군요. 그 사람들은 옷을 입고 마스크와 장갑 그리고 헬멧을 착용하고 있습니다. 잔디밭에는 플라스틱 매트를 깔고 바닥에 앉아 준비해 온 점심을 먹으며 햇볕을 쬐는 사람들이 있네요. 그 옆으로 강아지에게 목줄을 채워 함께 산책을 하는 사람들이 지나가는군요. 마스크를 끼고 손에는 비닐봉지를 쥐고 있네요.

강물, 공기, 아파트, 지하철, 도로, 자전거, 옷, 마스크, 장갑, 헬멧, 매트, 강아지, 목줄, 마스크, 비닐봉지…, 이 모든 것이 물체입니다.

물체는 물질로 이루어져 있어요. 물체는 하나의 물질로 이루어져 있는 것도 있지만, 여러 가지 물질로 만든 것도 있어요. 헝겊으로 된 옷은 하나의 물질로 이루어져 있지만, 아파트는 시멘트와 금속과 플라스틱 등 여러 가지 물질로 만들어져 있습니다.

물체를 쪼개고 쪼개고 계속 쪼개서 더 이상 쪼갤 수 없는 상태의 알갱이를 원자(atom)라고 합니다. 원자는 고대 그리스어 a-tomos에서 온 단어입니다. '쪼개다'는 뜻의 tomos에 부정의 뜻을 가진 접두사 a가 붙어서 '더 이상 쪼갤 수 없다'는 뜻이랍니다.

그리스의 철학자 데모크리토스가 지금으로부터 약 2490년 전에 이미 '세상은 원자로 가득 차 있다'고 주장했습니다. 그래서 그를 고대 원자론을 완성한 사람이라 부르기도 합니다.

원자의 성질을 원소라고 하는데 원소는 모든 물질을 구성하는 기본 요소입니다. 2015년 기준으로 지금까지 과학자들이 발견한 원소는 118종입니다. 우리가 잘 알고 있는 대표 원소로는 수소(H), 헬륨(He), 탄소(C), 산소(F), 질소(N), 알루미늄(Al), 철(Fe), 구리(Cu) 등이 있어요.

원자 여러 개가 모이면 분자가 됩니다. 분자는 크기와 모양이 서로 다르답니다. 그래서 여러 원자가 모인 분자는 다양한 형태를 이루게 되지요. 이를테면 수소(H) 2개와 산소(O) 1개가 결합하면 물이 되고, 나트륨(Na)과 염소(Cl)가 1개씩 만나면 소금이 됩니다. 또 산소 2개와 탄소 1개가 만

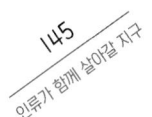

나면 이산화탄소가 됩니다. 이처럼 분자의 성질이 곧 물체의 성질을 나타내게 되지요.

　우리는 물질의 성질을 이용해서 여러 가지 편리한 도구와 장치를 만들어 사용하고 있어요. 불에 강하며 단단하고 무거운 철의 성질을 이용해서 솥, 철근, 아령 등을 만들었죠. 또 투명해서 빛이 잘 통과하고 속을 들여다볼 수 있는 유리의 성질을 이용해 창문, 식기, 어항 등을 만들지요. 플라스틱의 일종인 스티로폼은 가볍고 곰팡이가 슬지 않아 1회용 포장 용기와 충전재로 사용하고 있어요.
　세상을 이해하는 방법은 참 여러 가지입니다. 그중에서 화학적인 방법은 물체의 성질 즉 물질을 이해하는 것입니다. 최소 단위인 원소로 쪼개지는가 하면 여러 원소가 만나 분자가 되고, 다시 물체로 바뀌는 과정이 참으로 신기하지요. 가만히 보면 세상은 신기한 것 투성이지만 그걸 또 과학이 밝혀내네요!

플라스틱이 바꿔 놓은 세상

플라스틱은 20세기 인류가 발견한 기적의 물질로 불립니다. 왜냐고요? 플라스틱이라는 물질이 발견되기 전까지 인류는 만들고 싶은 모든 것들의 재료를 자연에서 구해야만 했는데, 플라스틱의 발견으로 재료에서 자유로워지게 되었으니까요.

4-1 / **과학** / 혼합물의 분리

플라스틱 바가지를 예로 들어볼까요. 플라스틱이 없던 시절에는 박이라는 식물의 열매 속을 파 내고 껍질을 말려서 바가지로 사용했어요. 박 바가지는 쉽게 깨지고, 곰팡이가 생기는 등 문제가 많았어요. 하지만 플라스틱으로 만든 바가지는 가격이 싸면서 단단하기까지 하답니다. 장난감, 옷, 건축 자재 등 플라스틱의 쓰임새는 나날이 커지고 있지만, 이제 인류는 플라스틱이 만들어 내는 새로운 문제에 직면했습니다.

인간이 만들고, 인간이 해결해야 할 문제!

플라스틱은 1863년 미국에서 탄생했습니다. 미국의 한 신문에 당구용품회사 사장이었던 마이클 펠란이 당구공을 만들 수 있는 새로운 물질을 발명한 사람에게 1만 달러(현재 가치로 약 1억 원)를 주겠다는 광고를 냈어요. 그때까지는 당구공을 만들기 위해 매년 1만 마리의 코끼리를 죽였습니다. 코끼리의 뿔인 상아로 당구공을 만들었거든요. 게다가 피아노 건반, 보석 등 상아의 수요가 늘어나자 더 많은 코끼리의 희생이 필요하고, 가격도 비싸질 수밖에 없었습니다.

광고를 본 독일 출신의 인쇄업자 존 웨슬리 하이엇이 천연 셀룰로스에 질산을 부어 최초의 플라스틱인 셀룰로이드라는 물질을 만들었어요. 하이엇은 상금 1만 달러의 주인공이 되었답니다.

셀룰로스
식물 세포벽의 기본 구조 성분. 지구에서 가장 흔히 볼 수 있는 유기 화합물 중 하나이다. 셀룰로스는 프랑스 화학자 안젤메 파옌이 1838년 처음 발견했다.

'플라스틱'이라는 이름은 그리스어 '플라스티코스(Plastikos)'에서 빌려 왔는데요, '거푸집에 부어 만들다', '조형하다'라는 뜻을 담고 있습니다. 플라스틱은 석유, 석탄, 천연 가스 등에서 뽑은 원료로 만든 '고분자' 화합물인데, 바로 이 물질을 원하는 틀에 부어 굳히면 원하는 모양이 나옵니다. 고분자라는 말은 분자가 크다는 말입니다. 이를테면 물(H_2O) 분자는 원자

3개(H 2개+O 1개)로 이루어져 있고, 소금(NaCl)은 원자 2개(Na+Cl)로 이루어져 있지만, 고분자는 원자가 수천에서 수만 개로 이루어져 있습니다. 분자의 덩어리가 크다 보니 작은 소쿠리는 물론 자동차 외장이나 인공위성의 중요한 기관도 만들 수 있어요.

플라스틱은 종류도 참 많지요. 낚시 그물, 봉지, 생수병 등으로 사용할 수 있는 폴리에틸렌·폴리프로필렌·폴리스타이렌, 페트병의 주요 원료인 테레프탈레이트, 나일론 스타킹과 같은 섬유를 만드는 폴리아미드, 그리고 외투 안감에 주로 쓰는 폴리에스터, 건축 재료로 많이 쓰는 폴리염화비닐, 아스팔트 포장재로 쓰는 폴리우레탄, 유리를 대신해서 폭넓게 사용되는 폴리카보네이트 등등.

플라스틱은 가볍고 질기며 단단해서 우리 주변에 참 많은 물체로 존재합니다. 장난감, 우유병, 식기 등 집안에서 플라스틱으로 된 물체는 쉽게 찾아볼 수 있지요. 또 플라스틱으로 만든 나일론 천으로 옷을 만들기도 하고, 키보드와 노트북 그리고 스마트폰 등 가전제품은 물론 자전거, 자동차, 기차, 아파트 창문틀 등등 쓰이지 않는 곳이 없을 정도로 수많은 물체로 둔갑하고 있습니다.

그런데 플라스틱으로 된 물체가 너무 많아서 이제는 환경을 오염시키고 있습니다. 플라스틱은 단단하고 투명하며 부식되지 않고 가벼우며 가격도 싸다는 등 수많은 장점을 가지고 있습니다. 그럼에도 불구하고 최근 문제가 되는 것은 수백 년이 지나도 썩지 않는다는 것입니다. 이유는 플라스틱이 너무 많은 원자로 결합되어 분해시키는 데도 시간이 오래 걸린다는 것. 아직 플라스틱을 쉽게 분해할 수 있는 원소나 물질이 나오지 않았기 때문에 우리 주변에는 플라스틱 쓰레기가 가득 차 있습니다.

산, 강 그리고 더 나아가 바다 속까지 플라스틱이 스며들어 있어요. 쪼개진 플라스틱은 우리 눈에 보이지 않을 정도로 작아져 물속에 떠다니기도 합니다. 이것을 미세 플라스틱이라고 합니다. 미세 플라스틱은 바다 속에 떠다니며 수많은 물고기의 입으로 들어가 내장 속에 쌓이게 됩니다. 인간이 쳐 놓은 그물에 걸린 물고기는 다시 우리 식탁 위에 오릅니다. 먹이사슬의 가장 위에 있는 인간이 물고기를 먹으면 물고기 속에 쌓여있던 미세 플라스틱이 우리 몸속으로 들어오겠지요. 우리 몸속으로 들어온 미세 플라스틱

먹이사슬
한 생태계 내에서 먹고 먹히는 관계를 나타내는 말이다. 플랑크톤은 송사리와 같은 작은 물고기의 먹이가 되고, 송사리는 큰 물고기의 먹이가 된다. 먹이사슬은 피라미드 모양으로 되어있다.

은 아직 밝혀지지 않은 수많은 질병의 원인이 되기도 합니다.

문제는 뚜렷한 해결책이 없다는 데 있습니다. 과학자들은 인간이 만든 물질로 인한 피해는 인간이 해결해야 한다고 주장하고 있습니다. 지금 당장 우리가 실천할 수 있는 것은 1회 용기의 사용을 최대한 줄이고, 다 쓴 플라스틱은 깨끗이 씻어서 분리수거를 잘하는 것입니다.

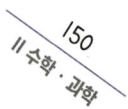

플라스틱은 재활용할 수 있는 물질이지요. 분리수거장에 가면 물질의 형태별로 플라스틱, 종이, 쇠, 비닐 등으로 구분해 놓았어요. 같은 성질의 물질끼리 모아서 재활용하기 위해서입니다. 분리수거를 철저히 잘 해야 하는 이유를 이제 알겠죠? 분해할 수 없다면 분리라도 잘해야 합니다!

지구는 몇 살인가요?

아주 오래 전 우주가 폭발(빅뱅)하면서 생긴 먼지가 똘똘 뭉쳐 지구별이 되었습니다. 지구는 우리은하 속 태양계에 있는 세 번째 별(행성)입니다. 지구는 언제 생겼는지 그리고 우주 속 어디쯤 지구가 있는지 알아봅시다.

5-1 / 과학 / 태양계와 별

    옛날 우리 선조들은 장독대에 물 한 그릇 떠 놓고 달을 보며 기도했습니다. 멀리 떠난 남편이 무사히 일을 마치고 돌아오고, 아들과 딸이 건강하게 자라기를 바라면서 말이죠. 엄마는 가족 모두가 평안해지기를 간절히 빌었습니다. 이처럼 매일 보는 달조차 한때는 무조건 믿고 따르는 신앙의 대상이었습니다. 옛 사람들은 캄캄한 밤하늘에 떠 있는 달이 어둠을 밝혀 주는 빛을 내고 있으니 달에는 신령스러운 기운이 있다고 믿었던 것이죠.

하늘 끝 저 멀리 어디엔가 있을 법한 달. 1609년 갈릴레오 갈릴레이가 최초로 망원경을 이용해 달을 관측하면서 하늘에 대한 궁금증을 키워나갔죠. 우주를 향한 인류의 도전이 본격화 한 시기는 1959년 구 소련에서 발사한 루나 2호가 달에 도달한 때부터입니다. 루나 2호는 최초로 달 뒷면을 관측해 지구로 사진을 전송하는 데 성공했습니다. 10년이 지난 1969년 7월 16일 아폴로 11호가 최초로 달에 사람을 실어 나르는 데 성공했습니다.

달은 지구의 3분의 1이 못 되는 정도 크기의 위성으로, 지름은 3474㎞, 지구에서 달까지 거리는 38만4400㎞입니다. 지구와 달의 거리조차도 이렇게 멀게 느껴지는데 대관절 지구가 있는 우리의 은하 그리고 더 멀리 있는 우주는 얼마나 크고 멀까요!

빅뱅으로 탄생한 우주

지구는 언제 탄생했을까요. 138억 년 전 우주에서 커다란 폭발이 일어났어요. 아주 조그마한 점 하나가 갑자기 거대한 에너지를 내뿜으면서 쾅~ 하고 터진 것이죠. 우주는 이렇게 생겨났습니다. 이후 우주는 매우 빠른 속도로 커져서 지금의 모습을 하고 있습니다. '조그마한 점 하나가 폭발해 오늘날의 우주 전체가 탄생하였다'는 이론이 우주를 설명하는 빅뱅(Big Bang) 이론입니다.

미국의 천문학자 허블이 1929년 우주에는 수백만 개의 은하가 있고, 이 은하가 엄청난 속도로 멀어지고 있다는 사실을 발견했어요. 거대한 은

> **허블우주망원경**
> 천문학자 에드윈 허블의 이름에서 따 온 우주 망원경으로 1990년 발사돼 지구 주위를 돌면서 촬영하고 있다. 허블은 먼 시공간을 상세하게 촬영할 수 있으며 우주의 팽창 속도를 정확하게 측정하면서 우주를 더욱 자세하게 연구할 수 있게 되었다. 지금까지 발사된 우주망원경 중 우주 공간에서 정비할 수 있도록 설계된 유일한 망원경이기도 하다.

하가 멀리멀리 가고 있다는 사실은 빅뱅 이론을 뒷받침해 주는 근거가 되었습니다. 허블은 죽어서도 이름을 남겼죠. 허블우주망원경✹이 바로 그의 이름에서 따온 것이니까요.

허블우주망원경으로 관찰한 지금까지의 결과에 따르면 우주 전체에는 1700억 개가 넘는 은하가 있습니다. 은하란 우주먼지와 가스구름(가스 덩어리) 그리고 수많은 별과 행성이 모여 있는 무리를 말합니다. 우주에는 다양한 모양의 은하가 있으며, 지구는 태양계가 속해있는 '우리은하(Our Galaxy)'에 있습니다. 우리가 살고 있는 지구가 있어서 이름을 지을 때 '우리은하'라고 공식적으로 결정한 것이죠. 태양계는 우리 은하의 중간 지점 정도에 있는데요, 모양은 나선형을 띄고 있습니다. 나선형 은하로는 안드로메다와 우리은하가 발견된 은하들 중 가장 크다고 합니다.

우리은하의 정확한 나이는 알 수 없지만 우리은하에서 가장 늙은 별의 나이는 135억 살 정도로 추정하고 있습니다. 빅뱅 우주론에 따르면 우주의 나이가 137억7000만 년 정도이니 우주가 탄생된 이후 3억 년 이후에 우리은하가 만들어졌다는 결론입니다.

우주로 가는 열차 출발합니다~

태양계에는 여러 행성이 있습니다. 그중 하나가 우리가 살고 있는 지구입니다. 태양을 기준으로 보면 수성, 금성, 지구, 화성, 목성, 토성, 천왕성, 해왕성 등 8개의 행성이 순서대로 있습니다.

크기를 기준으로 볼 때 태양계에서 가장 큰 행성은 목성입니다. 목성의 지름은 12만9822㎞로 지구보다 약 11배 정도 더 커요. 8개의 행성은 태양 주위를 공전하는데, 각 행성의 공전 속도가 서로 다릅니다. 태양에 가까운 행성일수록 회전 속도가 더 빠르겠죠. 수성은 태양 주위를 한 바퀴 도는 데 88일이 걸리고 금성은 225일이 걸려요. 지구가 태양을 한 바퀴 도는 데는 1년이 걸립니다. 그래서 1년 365일을 기준으로 한 해가 정해진 것이죠.

우주에는 아직 알 수 없는 현상들이 많이 벌어지고 있어요. 그중 하나가 '블랙홀(Black Hole)'입니다. 영어를 풀이하면 '검은 구멍'이죠. 블랙홀은 엄청나게 쎈 힘으로 무엇이든 빨아들인답니다. 별마저 삼켜버릴 정도이니 그 힘이 얼마나 센지 짐작할 만하죠.

태양계에서는 아직 지구를 제외하고 사람이 살 수 있는 조건을 갖춘 행성을 발견하지 못했습니다. 그 이유는 너무 뜨겁거나, 너무 춥거나 혹은 물이 없거나 공기가 없기 때문입니다. 우주인이 다른 은하에 살고 있는지 아직 알 수는 없어요. 그래서 영화나 소설 속에서 상상의 나래를 펼치며 만든 가상의 우주인을 떠올릴 수밖에 없겠죠. 우주를 향한 인간의 도전 정신

은 계속됩니다. 마치 기차가 목적지를 향해 묵묵히 달려가듯이 말입니다. 하늘을 보며 더 큰 꿈을 키우고 싶다고요? 우주를 공부하는 기차에 얼른 올라타세요. 우리 함께 가요. 기차 곧 출발합니다~.

뜨거워지는 지구, 이대로 괜찮을까

'오징어, 꼴뚜기, 대구, 명태, 거북이, 연어알, 물새알 해녀 대합실…'
여러분도 잘 아는 '독도는 우리땅'의 노랫말입니다.
1982년에 발표되었을 당시 이 노래에 나오는 생물들은
모두 한반도 주변 바다에서 흔히 볼 수 있었습니다. 그런데 노래가 나오고
40여 년이 지난 지금은 어떨까요. 명태, 오징어 등 흔한 어류는
이제 귀하신 몸이 되었습니다.

5-2 / 과학 / 날씨와 우리 생활

국, 찌개, 탕, 포 등 다양한 요리로 즐겨먹어 '국민생선'이라고 불리던 명태는 이제 국내산을 찾아보기 어려워요. 우리가 먹고 있는 명태는 러시아 등에서 수입하는 경우가 대부분이랍니다. 명태는 바닷속 200m 이하, 2~10℃ 정도의 수온에서 사는 물고기인데, 동해 바다의 온도가 높아지고 있어 명태가 살기 어려워졌다는 게 전문가들의 진단입니다. 매년 가을철이 되면 동해 바다로 내려오던 명태가 따뜻해져서 더 이상 내려올 수가 없게 된 거죠.

'그럼 다른 생선을 먹으면 되지.' 이런 생각을 하는 친구들도 있을 거예요. 문제는 먹을거리에만 있는 것이 아니랍니다. 바다의 온도가 높아지면 지구 전체의 온도가 높아져 지구에 살아가는 모든 생명체에게 영향을 줍니다.

빙하가 녹으면 북극곰은 어떡하지!!

지구의 온도를 측정해 보니 18세기 후반부터 전 세계 바다와 땅 표면 공기의 온도가 조금씩 높아지고 있습니다. 이러한 현상을 지구온난화라고 합니다.

미국항공우주국(NASA)과 미해양기상청(NOAA)의 조사에 따르면 1880년 기상 관측을 시작한 이후 100여 년간 지구 표면의 온도가 약 1℃ 올랐다고 합니다. '에게~, 고작 1℃?'라고 생각되나요? 고작 1℃ 정도 올랐을 뿐인데 지구 곳곳에서 기상 이변이 속출하고 있습니다.

2019년 호주 빅토리아주 남동쪽에서 시작된 산불은 1년이 넘게 꺼지지 않았으며, 미국 캘리포니아주에서도 뜨거워진 기온으로 원인 모를 산불이 끊이지 않고 있어요.

이전에는 지구 표면의 온도가 오르면 대기의 뜨거워진 열을 바다가 흡수해서 온도를 낮춰주는 역할을 했어요. 지구의 70%를 차지하는 바다는 전 세계의 기후를 안정적으로 유지하는 데 큰 역할을 하거든요. 그런데 지구 전체의 온도가 올라가면 바닷물도 열팽창✹을 하게 됩니다. 지구의 바

다 높이(해수면)가 점점 올라가고 있어요. 바다 온도가 1℃ 높아지면 공기 중의 습도가 7% 높아져 수증기가 더 많이 생기고, 이로 인해 태풍이나 허리케인 등 폭우를 동반한 기상 재난이 더 자주 발생하게 됩니다.

열팽창
온도가 변하면 물체의 모양, 길이, 부피가 변하는 현상. 액체나 기체의 변화는 부피팽창에 해당하는데 열을 받으면 액체나 기체의 부피가 변하게 된다.

바다 온도가 높아지면 북극의 빙하도 더 빨리 녹아내립니다. 거대한 북극의 빙하가 녹으면 해수면이 높아집니다. 과거에 땅이었던 곳이 수면 아래로 잠겨버릴 수도 있겠죠. 실제로 지난 25년 동안 해수면이 점점 상승하고 있어요. 미국대기과학연구소(NCAR)의 연구에 따르면 2100년쯤이면 해수면의 높이가 30㎝ 더 높아질 것이라고 합니다. 대한민국 부산, 스페인 바르셀로나, 남아공 케이프타운, 하와이 호놀룰루, 프랑스 니스, 플로리다 마이애미, 브라질 리오데자네이로, 오스트레일리아 시드니와 같은 아름다운 해안 도시가 바다에 잠길 수도 있습니다.

2011년 일본 도호쿠 지역에 지진이 일어났을 때, 쓰나미가 닥쳐 후쿠시마 제2 원자력 발전소가 폭발한 일이 있었지요. 이때 방사성 물질이 바다로 흘러 바닷물을 오염시키는 사태가 벌

쓰나미
지진이나 화산 폭발로 생기는 해일을 말한다. 일본에서 지진이나 화산 폭발로 인한 해일이 자주 일어나, 일본어인 쓰나미가 국제 용어로 쓰이고 있다.

어졌습니다. 이처럼 해수면이 높아지면 주로 바닷가에 세워진 핵 발전소의 안전에도 심각한 영향을 주게 됩니다.

온실기체를 줄여야 해요

그럼, 지구의 온도가 높아지는 이유는 무엇일까요. 여러 분야의 과학자들이 연구한 결과, 큰 이유 중 하나는 온실기체가 지나치게 많이 나오기 때문이라고 합니다. 온실기체는 두 가지 이상의 다른 원자가 결합하여 생기는 모든 기체를 말하는데요, 그중에서 가장 문제가 되는 온실기체는 이산화탄소입니다.

18세기 이후 산업혁명과 과학의 발전으로 인류는 역사상 가장 빠른 속도로 산업화를 이뤘습니다. 많은 제품을 대량 생산하기 위해 공장을 더 많이 돌리고, 기차, 비행기 등 교통수단이 발달하면서 사람들이 더 멀리 더 자주 이동하게 되었지요. 또 도시에 모여 살면서 쾌적한 온도를 만들기 위해 냉방 기계와 난방 기계를 더 많이 쓰게 되었어요. 여러 가지 기계 장치로 인간은 편리한 생활을 하게 되었지만, 이 모든 움직임에는 전기, 즉 에너지가

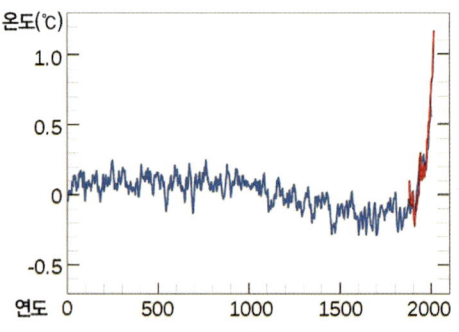

산업혁명 이후 온도 상승의 변화를 나타내는 그래프다. 붉은색 선은 직접 온도를 측정 측정하기 시작한 1880년 이후의 평균 지표면의 온도가 얼마나 상승하고 있는지를 나타내고 있다. 약 120여 년 동안 지구의 온도가 1℃ 이상 상승한 모습을 확인할 수 있다.
(출처: en.wikipedia.org/wiki/Global_warming)

필요합니다. 이처럼 지구인이 살아가는 데 필요한 에너지는 대부분 석탄, 석유, 천연 가스와 같은 화석 연료로 만듭니다.

　화석 연료로 발전소를 돌리고, 석탄으로 난방을 하고, 누구나 자동차를 타고 다니는 시대가 되면서 엄청난 양의 매연이 쏟아진 것이지요. 게다가 산업 발전으로 대량 생산을 하던 19세기에 사람들은 돈벌이에 급급해 매연을 걸러서 밖으로 내 보내는 정화 시설을 설치하는 데 관심이 부족했어요. 그 탓에 이산화탄소는 공기 속에 쌓이게 되었습니다. 자연적으로 정화시키는 데 한계가 있으니 온실기체가 줄어들지 않고, 계속해서 쌓이기만 하니 공기의 질이 나빠지게 되었죠. 자연적으로 생기는 온실기체는 대기가 순환하면서 정화가 되었지만, 인간이 산업화를 하면서 내뿜게 된 온실기체들은 공기 속에 쌓이게 되었거든요. 특히 이산화탄소와 같은 온실기체가 수증기를 만나 뒤섞이면 공기가 뿌옇게 변하는 스모그 현상이 나타납니다. 스모그는 연기(smoke)와 안개(fog)가 합쳐진 말로, 오염된 공기 때문에 하늘이 뿌옇게 보이는 현상을 말합니다.

　미세먼지도 같은 이유 때문입니다. 중국 등에서 유입되는 황사먼지와 함께 화력 발전소에서 내뿜는 온실기체로 싸인 매연이

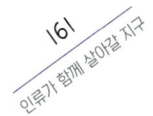

수증기와 뒤섞여 바람을 타고 한반도로 밀려오는 현상입니다.

지구온난화는 전 지구인이 함께 협력해야 할 중요한 환경 문제입니다. 하지만 경제적으로 고속 발전을 해서 부자가 된 선진국은 지구온난화를 막는 정책과 산업을 개발해야 한다고 목소리를 높이고 있지만, 아직 산업화로 성장을 더 해야 하는 개발도상국의 경우에는 환경문제가 먼 나라의 이야기라고 생각하고 있습니다. 일부 개발도상국*들은 '선진국들도 과거 산업화를 위해 화석 연료로 환경을 오염시키지 않았나! 우리도 더 늦기 전에 나라를 발전시켜야하니 기다리라!'고 주장하면서 말입니다.

개발도상국
산업화가 늦어 경제개발이 뒤처지고 있는 나라로 선진국에 대비되는 개념이다. 한국은 2019년 10월 개발도상국에서 벗어나 선진국 대열에 올랐다.

지구는 인간을 포함해 동식물 그리고 모든 생명체에게 하나 밖에 없는 생존 터전입니다. 이미 선진국의 대열에 합류한 우리나라는 미래 세대를 위해 환경 문제에 적극적인 관심을 기울여야 합니다. 아울러 다음 세대를 이어갈 여러분은 개발도상국과 함께 이 문제를 해결해 나갈 수 있는 좋은 아이디어를 모으고 전 세계 친구들과 협력 체계를 만들어 나가야겠지요. 하나밖에 없는 지구를 위해서!

천문학, 인간에게 미래를 선물하다

떠오르는 해를 보며 새로운 하루를 시작합니다.
매일 해가 새롭게 뜬다는 사실을 알려준 과학이 천문학입니다.
지구와 달의 변화를 관찰하고 연구하던 천문학은 이제 우주로 뻗어나가고 있습니다. 천문학이 무엇인지 알아보겠습니다. 또 천문학 연구에
없어서는 안 되는 천체망원경도 소개합니다.

6-2 / 과학 / 계절의 변화

문제를 하나 내겠습니다. 다음의 보기 중에서 예측할 수 있는 자연 현상을 고르세요.

①내일 아침 동쪽에서 떠오르는 해 ②올해 12월의 정확한 적설량 ③백두산의 화산 폭발 시기 ④미세먼지의 정확한 농도

정답은 여러분도 알고 있을 거예요. 지구가 태양의 주위를 자전하는 이상 해가 동쪽에서 떠서 서쪽으로 진다는 것은 누구나 아는 사실입니다. 일정한 주기에 따라 반복적으로 일어나는 현상 즉, 해가 뜨고 지고 다시 뜨

는 현상이라던가 달이 차고 기우는 과정 그리고 4계절이 차례로 번갈아가며 바뀌는 자연 현상 등은 일정한 시간을 가지고 정확하게 반복해서 일어나고 있어요. 내일 아침, 내년 봄 그리고 10년 후 겨울 등은 미래의 어느 시점이지만 시간이 흐르면 분명 찾아온다는 사실은 진리라고 하겠습니다. 이처럼 반복해서 일어나는 현상을 관찰하면서 인간은 미래를 예측할 수 있게 되었습니다. 달이 차고 기우는 기간을 한 달, 봄 여름 가을 겨울이라는 4계절이 바뀌는 기간을 1년이라고 묶어보니 다음 달, 내년과 같이 미래의 시간은 때가 되면 온다는 사실을 알게 되었죠.

사건이 터져야만 대응할 수 있었던 인간은 자연 현상을 관찰하면서 미래를 예측할 수 있게 되었습니다. 그래서 인간은 과거의 경험을 바탕으로 더 나은 미래를 설계할 수 있게 되었죠.

천문학, 과학이 되다

천문학은 시간의 단위를 일정한 간격으로 맞추고 그 값에 규칙을 정하는 학문입니다. 1년이 365일이라는 것은 이미 고대 시대에 확인하였고, 13세기 중국에서는 1년이 365일 하고도 ¼의 날이 더 있다는 사실도 추가로 확인하였습니다. 즉 1년은 365.2425일이라는 사실을 밝혀낸 것이지요. 이후 천문학자들의 연구가 거듭되면서 지금은 365.242191로 1년이라는 시간의 규칙은 더욱 정교해졌습니다.

자연 현상을 정확히 진단하기 어려웠던 1만 년 전, 인류는 천둥번개만

쳐도 하늘의 신령한 기운이 인간을 벌 주는 줄로만 알고 무조건 빌었습니다. 자연 현상에 대한 두려움을 극복하기 위해 인간은 제물을 올려놓고 하늘에 제사를 지낼 수밖에 없었지요. 하늘의 해와 달과 별의 변화를 관찰하여 왕에게 보고하는 일을 맡은 사람은 신과 소통하던 '제사장'이었습니다. 이처럼 매일같이 하늘을 관찰하다 보니 계절별로 뜨는 별의 모양이 다르고, 주기적으로 달이 차올랐다 기우는 것도 확인할 수 있었습니다. 일식이나 월식✺과 같은 자연현상을 처음 관찰할 때에는 나라에 큰 일이 벌어지는 징조라고 생각했습니다. 그래서 하늘의 노여움을 풀기 위해 산 사람을 제물로 바치기도 했어요. 제사장은 하늘에 뜬 별로 미래를 예측하는 점성술사이기도 했습니다. 동서양을 막론하고 점성술사는 천문학 지식을 갖춘 과학자와 같은 역할을 했습니다.

일식

지구에서 볼 때 태양이 달에 의해 전부 또는 일부가 가려지는 현상. 종류로는 달의 본 그림자 속에 지구가 들어가 태양 전체가 가리는 것을 개기일식이라고 하고, 달의 반쪽 그림자 속에 지구가 들어가 태양의 일부가 가리는 현상을 부분일식이라고 한다.

월식

지구가 달과 태양 사이에 위치하여 지구의 그림자에 달이 가리는 현상을 말한다. 달 전체가 지구의 본 그림자 속으로 들어가 달 전체가 가려지는 개기월식과, 달의 일부만 지구의 본 그림자 속으로 들어가 달의 일부분만 가리는 부분월식으로 나뉜다.

이탈리아 출신의 과학자 갈릴레이 갈릴레오는 지구가 태양 주위를 돌고 있다는 주장을 해서 종교 재판을 받기도 했습니다. 사람들은 신이 계시는 지구가 우주의 중심이라고 믿고 태양이 지구의 주위를 돈다고 믿었으니까요. 과학자의 눈으로 봤을 때는 신학자들의 주장이 허무맹랑했지만, 왕과 교회가 권력을 쥐고 있었기 때문에 소수의 과학자로서는 막강한 권력자들의 주장을 뒤엎기에 역부족이었답니다.

갈릴레이 갈릴레오와 같은 과학자들의 연구 덕분에 천문학과 수학 그리고 물리학이 발전하였고, 하늘에서 벌어지는 현상을 과학적으로 관찰할 수 있는 기틀이 마련된 것이지요. 천문학은 그렇게 과학이 되었답니다.

하늘의 무늬를 연구하는 학문

한자로 천문학(天文學)이라는 단어를 풀어보면 하늘(天)의 무늬(文)를 연구하는 학문입니다. 하늘의 무늬란 해와 달과 별의 움직임으로 나타나는 흔적인데요, 이를 관찰하고 비교 연구하는 학문이 천문학입니다. 과학 기술의 발전으로 하늘을 관측할 수 있는 장비도 발명되었습니다. 그중 대표적인 허블우주망원경은 천문학 연구에서 없어서는 안 될 장비죠. 미국 천문학자 에드윈 허블의 이름을 따 허블우주망원경이라 부릅니다.

1990년 미국항공우주국(NASA)은 우주 왕복선을 이용해 허블우주망원경을 지구에서 약 600㎞ 떨어진 하늘 위에 올려놓는 데 성공했습니다.

허블우주망원경은 유럽우주국(ESA)과 미국항공우주국(NASA)이 힘을 모아 만들었어요. 이 망원경은 지구에 있는 망원경보다 50배 이상 미세한 부분까지 관찰할 수 있고, 그 덕분에 수천 개의 은하를 관측할 수 있게 되었습니다. 허블우주망원경이 보내주는 선명한 사진 덕분에 은하나 별이 새로 태어나는 현상을 더 많이 알 수 있게 되었죠. 2018년에는 허블우주망원경을 통해 지구에서 가장 멀리 떨어진 별을 발견하기도 했답니다. 그 거리가 자그마치 90억 광년이나 떨어져 있다고 하네요. 이처럼 과학의 발전 덕분에 인류의 관심이 우주로 뻗어나가게 되었고, 인류는 제 2의 지구를 찾아 더 먼 우주로 탐험을 나서게 될 것입니다.

참고로, 허블은 망원경이 고장났을 때 지구로 다시 가져오지 않고 우주 비행사가 직접 우주로 가서 수리할 수 있도록 설계했어요. 허블우주망원경의 수명이 다해가고 있는데, 과학자들은 허블에 이어 적외선 우주 관측용 '제임스웹우주망원경'을 배치할 계획도 세우고 있답니다.

3

숫자로 이루어진 세상

유럽으로 건너간 십진법

진법(進法)은 수를 기호로 나타내는 방법 중 하나입니다.
오랜 역사의 시간 동안 살아남아 전 세계인이 쓰고 있는 십진법을
알아봅시다. 수학이 재미있어져요.

3-1 / **수학** / 덧셈과 뺄셈

십진법 외에도 십이진법, 육십진법, 로마숫자, 중국의 한문표기법 숫자 등등 지금까지 인류는 수많은 숫자 체계를 발명했습니다. 그런데 왜 전 세계가 십진법을 바탕으로 한 아라비아 숫자를 쓰고 있을까요. 가장 쉽게 쓸 수 있기 때문입니다.

1963을 한자로 표시해 봅시다. 一千九百六十三입니다. 1963을 로마숫자로 표시하면 MCMLXIII 입니다. 천 단위 숫자를 표기하는 데에도 이렇게 복잡한데 숫자가 더 커지면 어떻게 될까요. 천(千), 만(萬), 억(億) 등 단

위가 커질 때마다 글자가 달라지니 쓰기에 불편할 수밖에 없습니다. 결국 학식이 풍부한 사람이 아니라면 계산하기도 어려워지겠죠. 그래서 옛날에는 계산을 할 수 있는 사람이 한 마을에서 손에 꼽을 정도로 적었습니다. 사용하기 불편하면 사라지기 마련입니다. 십진법을 바탕으로 한 아라비아 숫자가 대세가 된 까닭입니다.

인도에서 발명된 아라비아 숫자

1, 2, 3, 4, 5, 6, 7, 8, 9와 같은 십진법은 기원전 3000년 무렵 고대 이집트에서 쓰기 시작했습니다. 하지만 불완전한 상태였어요. 3600여 년이 흐른 후 0이라는 숫자를 발명 뒤에 비로소 십진법이 완성되었습니다.

0을 연구하고 기록으로 남긴 사람은 인도의 수학자 브라마굽타입니다. 그의 저서 《우주의 창조(628년)》에서 '0은 두 가지 숫자를 빼고 남은 숫자'라고 정의했습니다. 모양이 동그란 것은 인류가 처음 문명을 발전시켜 나갈 때 셈판 위에 동그란 구슬을 썼기 때문이라는 설명이 있는가 하면, 태양을 의미한다는 설도 있고, 한 바퀴 돌아서 제자리로 돌아오는 모양이라는 주장도 있습니다.

수학에서 0의 역할은 여러 가지가 있어요.

- 아무것도 없다는 의미
- 음수와 양수를 나누는 기준(-3, -2, -1, 0, 1, 2, 3)
- 숫자의 크기를 나타내 주는 위치 표현(2, 20, 200, 2000, 200000)

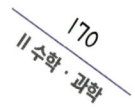

인도-아라비아에서 발명된 십진법은 8~9세기 문명이 번성했던 페르시아 제국으로 넘어갔습니다. 이후 500여 년간 이슬람 황금기를 거치면서 수학은 더욱 발전했어요. 이 시기에 분수도 확실하게 표기할 수 있게 되었습니다.

인도에서 쓰기 시작한 십진법은 유럽과 교류가 왕성했던 페르시아 제국을 거쳐 이탈리아로 건너가게 되었습니다. 이탈리아 출신의 레오나르도 피보나치라는 학자는 아버지와 함께 지중해 주변을 여행하던 중 이집트, 시리아, 그리스, 프로방스 등 여러 지역에서 온 신부와 학자, 상인들을 만났습니다. 그리고 그들을 통해 무역에 쓰는 숫자의 체계를 배울 수 있었습니다.

이후 고향인 이탈리아 피사로 돌아가 1202년 주판 없이 계산할 수 있는 법을 정리한 책을 내게 되었는데요, 책의 제목은 《산반서(Liber Abbaci)》라고 합니다. 산반서는 인도-아라비아 숫자로 더하기, 빼기, 곱하기, 나누기 하는 방법을 서양에 전달한 책입니다. 피보나치는 산반서에 이렇게 써놓았습니다.

주판
계산하기 위한 도구로 고대 중국에서 처음 만들었다. 주판을 사용한 계산법을 주산이라고 한다. 위, 아래 알의 숫자 크기가 다르다. 1960년대 한국에서 쓰던 주판을 기준으로 할 때 1개의 윗알은 5를 나타내고, 아래 4개의 알은 1을 의미한다. 중국의 주판이 한국에 전해진 시기는 1400년 경이다.

"인도인들의 아홉 숫자다. 9, 8, 7, 6, 5, 4, 3, 2, 1. 여기에 0이라는 기호만 있으면 어떤 숫자라도 표현할 수 있다."

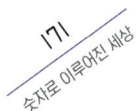

이때부터 아라비아에서 배워온 숫자라고 생각해서 아라비아 숫자라는 말이 일반적으로 쓰이게 된 것이지요. 그러나 산반서가 출간된 후에도 한참 동안 십진법은 유럽에 전파되지 못했습니다. 그때만 해도 유럽은 페르시아에 비해 학문과 예술의 수준이 한참 뒤떨어져 있었거든요. 수학도 마찬가지였어요. 0이라는 숫자를 처음 본 유럽 사람들은 무슨 의미인지를 몰라 헤맸답니다. 0은 무한한 범위의 숫자를 나타내기도 하고 아무것도 없다는 것을 표현할 수도 있기 때문에 그 정체를 파악하기 어려웠던 것이죠. 그래서 유럽에서는 300년간 0이라는 숫자와 싸움을 할 수밖에 없었습니다. 2는 두 개가 있다는 숫자이지만 0은 아무것도 없다는데 왜 숫자가 필요한 걸까, 도대체 알 수가 없었던 것이지요.

수학에서는 숫자를 놓는 자리에 따라 그 값이 달라지게 됩니다. 2라고 쓰면 두 개지만, 200이라고 쓰면 그 숫자는 100배가 더 커지게 되는 것이죠. 0은 1부터 9 사이에 아무런 값이 없다고 나타내 주기도 하면서 그 자리를 지켜주게 됩니다. 2020이라고 쓰면 백 자리에는 아무것도 없다는 표시가 되고, 1자리에도 아무것이 없다는 표시를 할 수 있게 되죠. 유럽의 수학이 아라비아보다 뒤처진 것은 0의 가치를 알지 못했기 때문이랍니다.

게다가 로마숫자를 읽을 수 있는 사람들은 새롭고 친숙하지 않은 숫자를 쓰는 데 반대했습니다. 1299년 이탈리아 피렌체에서는 아라비아 숫자 사용을 금지하는 법령을 정하기도 했습니다. 낯선 종교를 믿는 아랍 사람

들이 쓰는 숫자와 계산법을 처음에는 외면했습니다. 중세까지만 해도 계산을 대신해 주는 사람이 있을 정도로 전문적인 영역이었기 때문에 굳이 낯선 숫자를 쓰고 싶지 않았던 것이죠.

유럽에서 십진법이 널리 퍼진 시기는 16세기입니다. 독일의 수학자 아담 리스가 1550년 《누구나 쉽게 계산하는 법을 배울 수 있는 셈하기》라는 책을 독일어로 출간하면서 급속하게 퍼져 나가게 되었습니다. 십진법이 독일을 벗어나 유럽 전역으로 퍼지던 시기는 유럽에 과학 기술이 발전하고 민주주의가 싹트기 시작하던 시기였습니다. 십진법은 유럽의 사회 발전을 이끄는 과학의 기초가 되었습니다.

'만물의 근원은 숫자'라고 피타고라스가 말했습니다

인류에게 숫자는 세상을 이해하는 기본 지식입니다. 숫자로 이루어진 수학은 공식이 아니라 세상을 이루고 있는 원리지요. 인류의 문명과 역사를 같이 해 온 숫자의 정체를 소개합니다.

4-1 / 수학 / 각도와 삼각형

약 2600년 전 지중해 연안에 세워진 도시국가 그리스는 이웃한 선진국에서 지식과 문명을 받아들이는 데 거리낌이 없었어요. 그때 선진국은 메소포타미아와 이집트 지역에 있었습니다. 메소포타미아에서는 점성술과 수학이 발전하였으며, 이집트에서는 기하학, 수학, 천문학, 측량술 등이 자랑거리였지요. 이집트 지역에 피라미드와 같은 거대한 건축물을 세울 수 있었던 것도 수학과 같은 학문을 바탕으로 한 측량 기술이 발전했기 때문입니다. 건축물을 세우기 위해서는 크기(면적)와 꼴(도형)을 수학

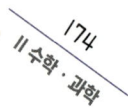

적으로 해석할 수 있어야 하거든요. 수학적인 해석이 없다면 원하는 크기의 건축물을 세우기 어렵겠죠. 고대 국가 중 수학 선진국이었던 이집트는 이미 분수를 사용했고 2차 방정식으로 복잡한 숫자의 계산 값을 구하기도 했습니다.

문명이 발전하면서 수학은 경제 활동에 없어서는 안 될 학문이 되었습니다. 무역을 하거나, 땅의 크기를 구해야 할 때 수학을 사용해 정확하게 값을 내지 않는다면 거래가 성사되기 어렵겠죠. 누군가는 억울함을 당할 수도 있으니까요.

이집트와 메소포타미아 지역의 왕국 중 하나였던 바빌로니아에서는 숫자에 대한 개념은 물론, 삼각형과 사각형 등의 다각형 그리고 원의 면적을 구하는 공식을 쓰고 있었습니다. 이집트에서는 측량사를 '새끼줄로 경계를 정하는 사람'이라고 불렀습니다. 그들이 있었기에 거대한 삼각형의 피라미드를 무너지지 않게 세울 수가 있었습니다.

이집트와 바빌로니아에서 발달된 수학과 문학을 시나이 반도 주변에서 교역을 하던 그리스인들이 적극적으로 받아들였어요. 그리스로 넘어간 후 철학자와 과학자들에 의해 수학과 문학은 더욱 꽃피우게 되었습니다. 그 결과 제 1회 올림픽 대회가 기원전 776

시나이 반도
지중해와 홍해 사이에 위치한 삼각형 모양의 반도로 이집트의 영토다. 대부분이 사막으로 이루어져 있는데, 서쪽에는 수에즈 운하와 수에즈만이 있고, 동쪽에는 이집트와 이스라엘 국경이 있다.

년에 열렸고, 그리스 신화를 바탕으로 한 연극과 문학이 새로운 형식으로 거듭 발전하였습니다.

철학자이자 수학자, 그리고 교육자 피타고라스

고대 서양 문명의 근원지로 알려진 그리스에 두 명의 철학자이자 수학자가 살았어요. 탈레스와 피타고라스입니다. 탈레스는 서양 철학의 '아버지'라 불리는데요, 그는 '만물의 근원은 물이다'라고 주장했습니다. 지구상의 생명체는 물이 없으면 살 수 없다는 결론에서 나온 주장이죠. 수학자이기도 했던 탈레스는 도형을 연구하는 기하학을 정리하고 이를 아래와 같이 증명했습니다.

- 원은 그 지름에 의해 이등분된다.
- 이등변삼각형의 밑변의 두 각은 같다.
- 두 직선이 수직으로 만나면 맞꼭지각은 서로 같다.

지금 여러분들이 배우고 있는 수학의 한 부분이 기원전 600년 경에 이미 증명되었다니 정말 놀라운 일이죠! 이 기록은 아리스토텔레스의 제자 에우데무스가 쓴 수학사에 남아있습니다.

또 다른 그리스 철학자이자 수학자가 있었는데, 그의 이름이 바로 피타

고라스입니다. 그는 '만물의 근원은 숫자다'라고 주장했습니다. 그는 탈레스의 기하학 정리를 바탕으로 누구나 배울 수 있는 수학의 교육 체계를 만들었습니다. 피타고라스를 따르는 사람들을 가리켜 피타고라스 학파라고 부릅니다.

피타고라스는 인간이 살아가는 데 필요한 두 가지 학문이 있다면 '철학(Philosophy 지혜를 사랑하다)'과 '수학(Mathematics 배워서 잘 이해하다)'이라고 했습니다. 그리고 자신이 연구한 성과를 많은 사람들과 공유하기 위해 교육에 힘썼지요.

그리스 시대에 숫자는 신성한 것이라고 생각했어요. 특히 피타고라스 학파는 삼각형을 만드는 숫자에 관심이 많았답니다. 어떤 삼각형도 세 개보다 적은 점으로 만들 수 없으나 그보다 많은 6, 10, 15개의 점으로는 만들 수 있어요. 그래서 3, 6, 10, 15를 삼각수라고 합니다. 삼각수에 대한 피타고라스 학파의 수학적 연구와 정리는 이후 소설가 겸 수학자인 유클리드라는 학자가 증명했습니다.

고대 그리스 마케도니아 왕국의 알렉산더 대왕이 죽고 난 뒤 이집트를 정복한 프톨레마이오스 1세가 왕위에 올랐습니다. 그는 당시 최고의 학교 혹은 연구소(무세이움 Musaeum)인 알렉산드리아 대학을 세우고 일류 학

무세이움

그리스어 무세이온(mouseioin)의 라틴어식 표기다. 무세이온은 박물관이나 미술관을 뜻하는 단어 뮤지엄(museum)의 어원이다. 알렉산드리아 시대에 무세이움은 도서관, 동물원, 식물원, 천문대, 실험실, 해부실 등을 갖춘 종합 학술 센터였다.

자들을 모으기 시작했습니다. 그때 유클리드는 이미 유명한 수학자로 도형, 비례, 대수, 입체기하학 등에 대한 정리를 수학적으로 증명했답니다. 당연히 연구소의 학자들 중 한 명으로 뽑혔지요. 이후 수학 중에서도 기하학 분야를 눈부시게 발전시킨 유클리드의 공적을 높이 사서 '유클리드 기하학'이라고 부릅니다.

- 직각 삼각형의 두 직각변 a, b를 각각 한 변으로 하는 정사각형 면적의 합은 빗변을 한 변으로 하는 정사각형의 면적과 같다.

수학에서 빠지지 않는 피타고라스의 정리입니다. 이를 증명한 사람 중 한 명이 유클리드입니다. 그래서 '피타고라스의 정리'는 '유클리드의 증명'이라고도 합니다.

수학과 인문학을 공부하는 이유

고대 문명이 싹을 틔우면서 인류는 더 편리하고 더 부자가 될 수 있는 방법을 발전시켜 왔습니다. 그 바탕에 수학, 과학, 철학 등의 학문이 필요했고, 학자들은 한 가지 학문에 몰입하기보다 인간을 중심에 놓고 여러 가지를 연구하면서 때로는 수학을 대입하고 때로는 과학을 적용했습니다. 그리고 이를 '생각하며 정리한 학문'이 철학입니다. 그리스에서 수학이 꽃을 피울 수 있었던 배경에는 이집트와 메소포타미아 등 앞서 나가던 문명지

역과 활발하게 교류하고 소통했던 힘이 작용했습니다. 또 적극적으로 받아들여 그 지역에 맞게 변형해 나가면서 학문을 더욱 발전시켜나갔던 것이죠. 어떤 학문이든 근본적인 이론을 정확하게 이해하고 나면 '배운 이론을 우리 사회에 어떻게 응용해 볼까'를 고민하는 단계에 이르게 됩니다. 기술의 발명에 앞서 인간을 위한 학문을 발전시켜야하기 때문이죠. 인문학을 공부하는 중요한 이유입니다.

암호를 만드는 사람과
암호를 푸는 사람

사이버 세계가 넓어지면서 암호는 더욱 중요해지고 있습니다.
수학으로 만드는 암호. 그 역사는 3000년이 넘었습니다.
암호의 역사와 만드는 법, 그리고 암호를 둘러싼 치열한
두뇌 싸움을 소개하겠습니다.

5-1 / 수학 / 약수와 배수

여러분의 '완소(완전 소중한)' 아이템 스마트폰을 시작하려면 제일 처음 무엇을 하나요. 암호를 입력합니다. 숫자든 패턴이든 나만 알고 있는 암호를 입력해야 사이버 세계로 들어갈 수 있습니다. 은행의 자동입출금기에서 돈을 인출하려고 해도 비밀번호, 즉 암호를 넣지 않으면 기계는 작동하지 않겠죠?

이처럼 일상 곳곳에서 사용되는 암호의 정체는 무엇일까요. 남들이 알아서는 안 되는 중요한 정보를 감추는 방법을 말합니다. 암호는 비밀스럽

고 은밀해야만 합니다. 상대방에게 알려져서는 안 되기 때문이죠. 옛날이야기나 소설에도 암호가 자주 등장합니다. 가장 먼저 떠오르는 이야기 속 암호는 무엇인가요. 저는 《알리바바와 40인의 도둑》에 등장하는 '열려라 참깨'가 생각납니다. '열려라 들깨'라고 하면 문은 열리지 않겠죠. 이후 《그림자》, 《셜록홈즈》, 《다빈치 코드》, 《커넥트》 등 암호를 소재로 한 소설은 헤아릴 수 없이 많이 나왔습니다. 암호의 역사는 3000여 년 전으로 거슬러 올라가는데요. 이 정도면 인류 문명의 역사와 같이 발전해 왔다고 볼 수 있겠죠.

대칭 암호와 비대칭 암호

암호를 만드는 방법은 아주 다양합니다. 크게 두 가지로 구분한다면 대칭 암호와 비대칭 암호를 들 수 있어요. 대칭 암호는 만드는 법과 푸는 법이 같은 암호를 말합니다. 반대로 비대칭 암호는 만드는 법과 푸는 법이 다른 암호입니다.

대표적인 대칭 암호는 글자를 바꿔서 뜻을 찾아가는 '단일 환자 방식'인데, 그리스의 카이사르가 처음 만들어서 '카이사르 암호'라고도 합니다.

어떻게 만드냐고요? 글자의 위치를 바꾸는 방법입니다. 이를테면 알파벳을 네 칸씩 밀어서 글자를 골라 써 내려가는 형식입니다. I Love You를 단일 환자 방식으로 암호를 만들면, L Oryh Brx가 됩니다. 이렇게 보내면 받는 사람은 네 칸씩 당겨서 암호를 풀 수 있습니다. 간단하지요?

대칭 암호는 만드는 방법과 푸는 방법이 같아요. 서로 약속한 공식이 있다면 만들 때도 공식에 따라 만들고, 암호를 풀 때도 공식을 그대로 대입하면 됩니다. 그런데 약속한 공식이 적에게 들통난다면 비밀은 새나갈 수밖에 없어요. 대칭 암호는 그래서 보안이 허술하답니다.

이를 보완하기 위해 나온 방식이 비대칭 암호입니다. 공개 열쇠 방식이라고도 합니다. 대표적인 방법으로는 RSA 암호 체계가 있습니다. 리베스트 Rivest, 샤미르 Shamir, 아델먼 Adelman이 공동으로 개발하여 그들의 이름에서 첫 글자를 따서 RSA라 부릅니다.

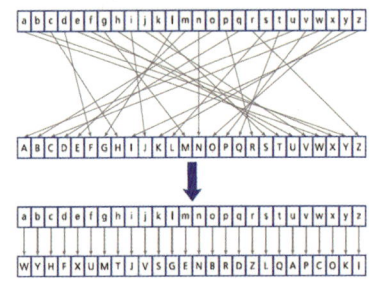

대칭 암호. 알파벳의 위치를 다르게 맞춰서 문자를 작성해 암호를 만드는 방식이다. 암호를 만드는 사람과 푸는 사람이 알파벳이 바뀌는 기준을 알아야 한다.

이 방식은 수학에서 소수를 이용하는 암호 체계입니다. 소수는 1과 자기 자신을 제외하고는 나눠지지 않는 숫자입니다. 화학에 비유하자면 더 이상 나눠지지 않는 원자에 해당합니다.

숫자를 소인수분해를 한 다음 소수를 곱해 암호를 만드는 형식이지요. 221(암호)는 소수 13과 17의 곱

2491(암호)는 소수 47과 53의 곱

12091(암호)는 소수 107과 113의 곱처럼 말이죠.

수의 자리수가 커질수록 복잡하고 어려워져요. 1944년 인수분해 알고리즘이 개발되어 공개 열쇠 암호 체계가 쓰이게 되었습니다. 공개 열쇠 암호 방식은 앞서 설명한 대칭 암호 체계와 달리 비대칭 암호라고 부릅니다. 공개 열쇠 암호 방식은 특정한 비밀 열쇠를 가지고 있는 사람만이 내용을 열어볼 수 있는 방법인데요. 계산이 복잡한 게 단점이죠.

이를 해결하기 위해 비밀 열쇠 암호와 함께 사용합니다. 메시지를 임의로 만들어진 비밀 열쇠(대칭 암호 체계)로 암호화한 다음, 이 비밀 열쇠를 받는 사람의 공개 열쇠로 다시 암호화합니다. 비밀 열쇠와 공개 열쇠를 전달하고자 하는 메시지와 함께 전송하는 방식입니다. 이렇게 하면 공개 열쇠 암호 기술로는 짧은 비밀 열쇠만 암호화 하고, 더 효율적인 비밀 열쇠 암호 기술로 전체 메시지를 암호화할 수 있답니다.

전쟁을 승리로 이끄는 암호

암호는 언제 가장 발전하게 될까요. 전쟁이 벌어졌을 때입니다. 적진이 어떻게 돌아가는지 어떤 전략을 세웠는지를 알게 된다면 전쟁에서 이길 확률이 커지겠지요.

20세기 초까지 암호를 정교하게 발달시킨 나라는 독일이었습니다. 독일은 산업혁명 이후 화학, 수학 등 기초 과학에서 크게 발전하였습니다. 1차

세계대전을 일으킨 독일과 오스트리아
는 첨단 무기와 전략 전술 그리고 정교
한 암호로 영국, 러시아, 프랑스 등 연
합군을 파죽지세로 몰아부쳤지요.

파죽지세 (破竹之勢)
대나무를 단칼에 쪼개듯 강력하게 진격하는 모양새. 세력이 막강하여 당해낼 자가 없다는 것을 비유한 말.

연합군의 패배가 계속되던 어느 날 독
일의 순양함 'SMS 마그데부르크' 호가 1914년 8월 25일 발트해에서 조난
을 당했습니다. 러시아군이 발트해로 들어오는 것을 막기 위해 독일 해군
이 출동하다 그만 배가 좌초된 것입니다. 이때 러시아군은 마그데부르크
호에서 발견된 독일 장교의 시체에서 문서 하나를 발견하게 됩니다. 그 문
서에는 독일 해군의 암호 해독법이 적혀있었어요. 러시아와 영국 해군은
이 문서를 놓고 퍼즐 조각 맞추듯이 암호를 해독하기 시작했습니다. 이후
독일 구축함이 다시 바다에 빠졌는데, 역시 연합군이 수색을 하여 암호 문
서를 대거 발견했습니다. 당시 세계 최강의 해군을 보유한 영국은 독일군
이 언제 어디로 이동하는지 거울 보듯이 훤하게 들여다보고 있었거든요.
당시 영국 해군의 장교였던 윈스턴 처칠은 1차 세계대전을 승리로 이끌었
으며, 이후 영국의 수상까지 되었습니다.

1차 세계대전까지는 암호 해독이 우연한 사고에 의한 해독법 유출이 계
기가 되었다면, 2차 세계대전에는 과학 기술의 발전이 암호 해독에 도움
을 주었습니다.

1차 대전 이후 독일은 암호를 더욱 정교하게 만들게 되었고, 다시 2차 세계대전을 일으켰습니다. 독일의 암호 체계가 너무 정교하여, 연합군은 싸움에서 계속 밀리게 되었습니다. 독일이 암호 만드는 기계 에니그마(Enigma)를 써서 암호 체계를 24시간마다 바꾸는 바람에 연합군은 암호를 해독해 낼 수가 없었습니다. 그때 영국 출신의 수학자 앨런튜링이 2년에 걸쳐 암호해독기 '봄(Bombe)'을 개발해냈습니다. 앨런튜링은 컴퓨터를 활용한 암호 해독의 선구자였지요.

　앨런튜링이 개발한 '폭탄'이라는 암호 체계는 에니그마의 정교하고 복잡한 암호를 모두 풀어냈습니다. 그 덕분에 독일군의 이동 경로는 물론 전술 작전까지 꿰뚫을 수 있게 된 것이죠. 미국과 영국의 연합군은 독일군의 이동 경로를 꿰뚫고 있으면서도 전투에서 몇 번 더 지기도 했습니다. 독일군이 자신들의 암호 체계가 뚫렸다는 것을 알지 못하게 한 작전이었지요. 이후 미영 연합군은 1944년 6월 6일 북프랑스에 위치한 노르망디 해변으로 독일군을 유인했어요. '노르망디 상륙작전'입니다. 이 전투에서 독일군은 크게 패배하였습니다. 이를 계기로 2차 세계대전은 연합군 쪽으로 승리가 기울어 결국 독일은 연합군에 무릎을 꿇게 됩니다.

　여러분은 아마 벌써 눈치챘을 거예요. 암호는 수학에 근거해 만들게 된다는 사실을 말이죠. 가장 쉽다고 생각되는 대칭 암호 중 단일 환자 방식은 글자 수를 얼마나 이동하느냐에 따라 수학적으로 표현할 수 있답니다. 이

를테면 현재 알파벳 글자에서 4자리씩 이동하여 문장을 만든다면 y=x+4 라는 아주 간단한 공식이 나옵니다. 또 비대칭 암호에서는 소수를 이용한다는 사실을 알 수 있죠. 소수를 이용한 암호 체계는 지금까지도 다양한 방식으로 이용합니다.

　암호는 만드는 사람과 풀려는 사람의 끊임없는 '밀당'이라고 할 수 있습니다. 만약 나쁜 사람들이 이를 악용하기 위해 암호를 해독하려고 한다면 범죄에 쓰일 수도 있겠지요. 컴퓨터를 해킹한다거나, 혹은 개인 정보를 빼앗아서 돈을 받고 파는 방식 등으로 말입니다.

　사이버 세계가 철통보안을 갖추려면 자신의 암호가 어떻게 형성되고 어떻게 움직이는지를 알아야겠죠. 또 무엇보다도 암호는 나만 알고 있어야 할 중요한 정보라는 사실도 명심해야겠습니다.

0과 1로 이루어진 디지털 세계

정보통신기술이 빠른 속도로 발전하고 있습니다.
전 세계가 연결된 네트워크에서 어마어마한 양의 정보를
실시간 처리할 수 있는 비결은 2진법에 있습니다.
2진법에는 어떤 비밀이 숨겨져 있을까요.

6-2 / 수학 / 여러 가지 문제

    2000년대 태어난 여러분은 사이버 세계가 익숙하겠죠. 부모님이나 선생님이 어려워하는 게임을 척척 해내고, 마음만 먹으면 전 세계에 있는 정보를 쉽게 찾아낼 수도 있으니까요. 그런데 스마트폰을 이용하는 일은 누구나 할 수 있지만, 사이버 세계가 0과 1로 이루어져 있다는 사실을 아는 사람은 그리 많지 않을 거예요. 0과 1로 이루어진 숫자 체계를 2진법이라고 합니다. 2진법이란 두 개의 숫자만을 써서 체계를 이루는 숫자의 구성법을 의미합니다.

0과 1로 이루어진 이진법은 각 자리의 수에 1과 0 두 가지 숫자만 올 수 있어요. 2만큼의 수를 사용하고 나면 윗자리로 올라가게 되지요. 수의 자리가 하나씩 올라감에 따라 자리의 값은 두 배로 커지게 된답니다. 이를테면 0, 1 다음 2(10), 3(11), 4(100), 5(101), 6(110), 7(111), 8(1000), 9(1001), 10(1010)과 같이 변환할 수 있답니다.

음과 양, 세상을 나누는 두 가지 원리

그렇다면 왜 디지털 세계를 표현하는 데 2진법을 사용할까요. 디지털 세계는 컴퓨터를 거쳐 단말기나 스마트폰 등에 이미지로 나타나게 되는데요. 전자기기인 컴퓨터에 간단하고 정확하게 정보를 전달하려면 전원을 켰다 껐다 두 가지를 조합하는 방법이 가장 효율적입니다. 즉 끄는 것은 0, 켜는 것은 1, 계산하는 속도 역시 십진법 보다는 더 빠르겠죠.

2진법은 언제부터 사용했을까요. 2진법은 동양에서 처음 쓰기 시작했습니다. 고대 중국에서는 세상의 이치를 두 가지로 나눠서 설명했습니다. 하늘과 땅, 여자와 남자, 사람과 신 등으로 말이죠. 이렇게 두 가지로 모든 사물과 자연 현상이 움직이는 원리를 담은 책이 《주역》입니다. 주역은 중국 주나라에서 나온 철학서로, 조선 시대 나라의 기틀을 잡았던 사상이자 종교였던 유교의 경전으로 사용되었습니다. 학식이 뛰어난 학자들이 죽기 전에 공부해야 하는 중요한 책이었습니다. 유교를 만든 공자도 즐겨

읽었다고 해요.

주역은 이진법의 원리로 구성되어 있어요. 주역에 나오는 모든 기호는 선(line)과 공간(space)으로 표현되어 있거든요. 이것을 주역의 기본 단위인 효(爻)라고 합니다. 이 효는 양과 음으로 되어있고, 양과 음은 각각 1과 0이라고 바꿔 생각할 수 있어요. 0을 나타내는 음(--)은 양(—)의 가운데에 구멍이 뚫린 모습인데요. 이 공간이 바로 비어있다는 의미의 0을 나타냅니다. 주역에는 6개의 효(爻)를 조합하여 64개의 괘(卦)가 있습니다. 각 효는 양과 음, 2가지로 나눠지고, 6개의 효는 64개의 방법으로 가지를 치게 됩니다. 2를 6번 곱한 숫자 64에서 나온 것이죠($2 \times 2 \times 2 \times 2 \times 2 \times 2 = 64$).

주역의 원리를 활용한 대표적인 예로, 태극기를 들 수 있습니다. 태극기의 네 귀퉁이에 그려진 작대기를 건곤감리라고 하는데, 그 모양을 보면 선을 길게 그리고 나눠서 그리는 등 두 가지 방법으로 표현해 놓았죠.

컴퓨터 속 세계에서는 이진법이 대세야~

서양에서는 독일의 철학자이자 수학자인 고드프리트 빌헬름 라이프니츠(1646~1716년)가 가장 먼저 숫자에 주역을 적용하게 됩니다. 중국에 선교사로 가있던 그의 친구가 《주역본》에 나오는 그림을 라이프니츠에게 보내주었어요. 그림 속에는 이진법의 원리를 바탕으로 64개의 괘가 원과 정사각형으로 정리되어 있었죠. 이 그림을 받은 라이프니츠는 이미 오래전 동양에 이진법이 있었다는 사실에 놀랐다고 합니다. 라이프니츠는 기계적인 계산기와 관련된 이론을 많이 만들어낸 천재 수학자로 최초의 컴퓨터 과학과 정보 이론가라고 불리고 있습니다.

13세기 이전까지 중국은 하이테크의 나라였습니다. 고도의 문명이 발달해온 중국에서 서양으로 건너간 문물로는 차(茶,) 도자기, 종이, 화약 등 여러 가지가 있는데, 《주역》이라는 책도 이렇게 서양으로 건너간 것이죠.

비트(bit)라는 단어가 나온 시기는 라이프니츠가 2진법을 만들고 난 후 230여 년이 지난 후입니다. 미국의 수학자이자 전기공학자인 클로드 섀넌(1916~2001년)이 1948년 발표한 논문에 처음 비트라는 단어를 사용하였습니다.

비트는 바이너리 디지트(binary digit), 즉 2진법이라는 영어로 만든 합성어입니다. 여러 개의 비트가 모인 것을 바이트(byte)라고 하는데 8비트가 모이면 1바이트의 크기가 됩니다. 컴퓨터공학에서 기억 장치의 크기를 나타내는 단위로 바이트를 사용하면서 일반인들에게도 널리 알려진 단위입니다.

2진법 이외에도 수의 체계는 다양하답니다. 연필 한 다스 또는 1년 12개월을 응용한 12진법이 있고, 손가락 발가락 5개를 이용하는 5진법 등 다양한 수의 체계가 있답니다.

여러분에게 익숙한 수의 체계는 10진법이지요. 1, 2, 3, 4, 5, 6, 7, 8, 9, 0 열 개의 숫자로 이루어진 세상 말입니다. 십진법은 각 자리의 수에 1

부터 0까지의 숫자를 사용하고 수의 자리가 하나씩 올라감에 따라 자리의 값은 10배씩 커진답니다. 10, 20, 30, 40, 50, 60, 70, 80, 90, 100과 같이 말입니다.

우리가 살고 있는 현실 세계는 십진법이 일반적인 숫자 체계이고, 컴퓨터 속 세계는 이진법에 따라 움직인다는 사실, 이제 알 수 있겠죠!

가상 인터뷰

우주는 상상하는 사람의 것, 칼 세이건

태양계가 속한 우리은하 너머에는 끝을 알 수 없는 은하계가 있습니다. 신의 영역이었던 하늘을 과학의 영역으로 끌어온 인류는 달 착륙을 시도했습니다. 이후 화성, 목성, 토성 등 더 먼 곳으로 무인 탐사선을 보내고 있습니다. 많은 과학자들의 수고는 인류의 상상력을 무한대로 넓히고 있습니다. 수많은 과학자 중 세계적인 천문학자이자 작가인 칼 세이건 박사님을 만났습니다.

♥ **안녕하세요 박사님. 먼저 자기소개부터 해주세요.**

저는 천체물리학자이자 작가이며 다큐멘터리 PD, 칼 세이건입니다. 어릴 때부터 천문학자가 꿈이었어요. 1950년대부터 미항공우주국(NASA)에서 추진하는 우주 탐사 계획에 참여하면서 본격적으로 천문학자로 활동했었지요. 1977년 태양계 밖으로 보이저 1호와 2호를 보내는 계획도 제가 추진했습니다.

세계적인 명성으로만 따지면 사실 저는 천문학자보다 베스트셀러 작가로 더 알려져 있죠. 제가 쓴 책 《코스모스》로 말입니다. 처음에는 과학 관련 13부작 TV 교양 프로그램을 만들었는데, 전 세계 60개국에 방영되어 6억 명 이상이 시청

했습니다. 이후 그 내용을 담은 책이 바로 《코스모스》입니다. 책이 베스트셀러가 된 비결은 원자에서 우주에 이르기까지 다양한 과학 이론을 쉽게 설명해서가 아닐까요.

♥ **어릴 때 천문학자가 꿈이었다고 하셨는데, 계기가 무엇인지 궁금합니다.**
제가 다섯 살이 되던 1939년, 뉴욕에서 열린 만국박람회에 우주를 주제로 한 전시회가 있었어요. 얼마나 감동적이었는지 전시회를 보고 난 후 매일 밤 별을 보느라 시간가는 줄 몰랐어요. 별이 어떻게 생겨났는지, 또 어떻게 움직이는지 궁금했죠. 엄마에게 너무 많은 질문을 했더니 9살 무렵 엄마가 저를 도서관으로 데려갔어요. 제 인생 첫 도서관 회원증을 만들고 사서에게 별에 관련된 책을 추천

해 달라고 했어요. 꼬마가 별에 대한 책을 소개해 달라고 해서인지 사서는 그림책을 소개하더군요. 그래서 제가 어른들이 보는 천문학 책을 달라고 당당히 주장했어요. 그 이후로 도서관에 있는 천문학 관련 책을 거의 다 읽었습니다. 작가가 된 데도 어릴 때 늘 책을 읽었던 습관이 큰 힘이 되었어요.

♥ 어릴 때 수학을 좋아하지 않았는데 어떻게 천문학자가 되었나요?

맞아요. 전 고등학교 때까지 수학을 무척 싫어했어요. 특히 미분적분은 정말 싫어했죠. 그래서 처음 시카고대학에 입학해서 문학을 전공했어요. 이후 물리학과 천문학을 공부하면서 천문학자의 꿈을 되살렸지요. 우주를 과학적으로 연구하려니 수학이 꼭 필요하더군요. 수학의 중요성을 알게 된 후로 공부가 재미있어졌습니다.

♥ 대중을 위한 과학 다큐멘터리를 만든 이유가 무엇인가요?

18세기 산업혁명 이후 과학 기술이 급속도로 발전하게 되었어요. 과학 기술의 발전으로 우리는 인류 역사상 가장 윤택하게 살고 있는 세대입니다. 자동차에서 비행기에 이르기까지 다양한 도구가 발명되어 우리의 삶은 더욱 편리해졌습니다. 우리는 과학기술에 절대적으로 의존하며 살고 있지만, 우리의 교육 체계에서는 자신의 전공 분야가 아니면 과학 기술을 이해하기 어려워요. 학문 간의 단절도 심각합니다. 과학 기술을 이해하지 못하면 인류는 재앙을 맞게 됩니다. 기술만능주의가 가져올 피해나 부작용이 커지게 되죠. 따라서 우리 모두가 과학 기술을 이해할 수 있어야 합니다. 제가 대중의 눈높이에 맞춰서 과학 저술 활동을 한 이유도 여기에 있습니다.

♥ 외계 생명체가 있다고 생각하시나요?

네 그렇습니다. 화성을 탐사하기 위해 보이저 1호와 보이저 2호를 태양 밖으로 발사할 때 먼 훗날 혹시 다른 별에 지능이 있는 생명체가 탐사선을 발견할 것을 대비해서 그들에게 메시지를 전하고 싶어서 몇 달을 고민한 적이 있어요. 뾰족한 수를 찾지 못해 결국 1977년 여러 나라 언어로 된 인사말을 보이저 탐사선에 실었죠. 제가 쓴 소설 《컨텍트》에도 외계에 있을지 모를 생명체와 교신하는 과학자가 주인공으로 등장합니다.

♥ 인간이 우주 탐험을 하는 이유는 무엇인가요?

인간에게는 늘 호기심이 있어요. 가보지 않은 곳을 향한 호기심은 도전과 모험에 나서는 원동력이 됩니다. 우주로 나아가고자 하는 도전 정신 역시 인류의 창조력에 바탕을 둔 것이 아닐까요. 비록 그 과정이 힘들고 멀지라도 모두가 힘을 합쳐 한 걸음씩 나아가야 합니다. 더 많이 상상하고 더 많은 이야기를 나누세요. 그리고 어떻게 하면 과학적으로 해결할 수 있을까에 대해 고민하세요. 우주는 상상하는 사람의 것입니다.

♥언어 영역 추천도서

학년	제목	출판사	키워드
4학년	로봇 형 로봇 동생	책읽는곰	인공지능, 로봇, 가족, 형제
4학년	강아지도 마음이 있나요?	아주 좋은 날	생명, 배려, 공존 반려동물,
4학년	어린이 말하기 교과서	씽크스마트	발표, 토의, 말하기
4학년	어쩌다 우린 가족일까?	나무생각	가족관계, 사랑
4학년	오늘도 축구하기 힘든 날	아주 좋은 날	자연과 사람, 판타지 여행기
4학년	1930, 경성 설렁탕	머스트비	일제강점기, 경성, 설렁탕
4학년	끝나지 않은 진실 게임	밝은미래	편견, 진실, 추리
4학년	음악이 세상을 바꿀 수 있을까?	한권의책	행복, 세상, 음악, 감동 평화
4학년	정약용이 귀양지에서 아들에게 보낸 편지	가문비	정약용, 귀양, 실학사상, 아버지와 아들
4학년	잘못 걸린 짝	주니어김영사	우정, 성장
5학년	나비를 잡는 아버지	㈜효리원	동심, 아버지
5학년	1등 없는 1등	아름다운사람들	우정, 협동, 장애
5학년	열세살의 콘서트	책읽는곰	성장, 덕질, 긍정, 주도적
5학년	내꿈은 슈퍼마켓 주인!	스콜라	가족, 꿈, 여행, 건강
5학년	토론은 싸움이 아니야!	팜파스	토론, 토의, 주장, 포용, 소통
5학년	우리 신화	한권의책	한국 신화, 역사
5학년	위대한 모험가들	애플트리태일즈	모험, 꿈, 도전
5학년	남산골 두 기자	서유재	세상, 기자, 정의, 부조리
5학년	플로팅 아일랜드	비룡소	환경, 가족, 친구, 판타지, 여행
5학년	소리그물	청개구리	일상, 자존감, 가족 갈등
6학년	백 년 전에 시작된 비밀	내일을여는책	독립운동가, 친일파, 역사, 역사 인식, 우정
6학년	별빛의 속도	애플트리태일즈	우주 여행, 자연의 법칙
6학년	착한 모자는 없다	휴먼어린이	민주주의, 평등, 자유, 판타지, 거짓
6학년	미카엘라 – 달빛 드레스 도난 사건	고릴라박스	소녀, 신비, 모험, 환타지
6학년	나는 그때 왜 비겁했을까?	아름다운사람들	우정, 따돌림, 비겁함
6학년	두려울 것 없는 녀석들	한울림어린이	장애, 성장, 탈출, 능력, 개성
6학년	뻔뻔한 가족	서유재	반려, 공존, 길고양이, 동물복지
6학년	빅데이터	봄볕	빅데이터, 4차 산업혁명, 정보산업, IT
6학년	나는 여성 독립운동가입니다(개정증보판)	상수리	여성 독립운동가, 3.1운동, 임시정부
6학년	용의 미래	문학과지성사	판타지, 상상, 용, 공존, 미래

♦ 국립 어린이청소년도서관의 사서 추천도서 목록과 경기도 학교도서관 사서협의회의
〈2019학년도 초등 교과서 수업 연계도서〉를 바탕으로 재구성하였습니다.

언어
영역

우리말을 잘 해야 영어도 잘 한다

가성비 높은 자기 표현법, 글쓰기

읽기는 공부의 기본

1

우리말을 잘 해야 영어도 잘 한다

주문하신 햄버거 나오셨습니다

우리말에는 높임말과 낮춤말이 있습니다.
높임말은 사람에게만 쓰는 언어 예법입니다. 윗사람을
존중하는 뜻이 담겨 있지요. 상대방을 높여
예의를 갖추는 높임말, 올바로 써 봅시다.

3-1 / 국어 / 높임말을 바르게 사용해요

"주문하신 햄버거 나오셨습니다~."

가게에서 음식을 주문하고 기다리는 동안 쉽게 들리는 말입니다. 익숙해져 버렸지만, 우리말을 잘못 쓰는 사례 중 하나입니다.

우리말 표현법 중에는 높임말과 낮춤말이 있습니다. 윗사람에게 높임말로 예의를 갖추는 것은 우리의 전통적인 언어 예법입니다. 높임말을 존댓말이라고 하는 이유는 존대(높일 尊, 맞이하다 待)라는 한자의 뜻에서 금방 알 수 있습니다. 높이 받들어 대접한다는 뜻이죠. 높임말은 말로써 상대방을 높이 받들어 응대할 때 쓰는 언어 표현법입니다.

제대로 써야 높임말이 됩니다

높임말을 사용하는 방법은 두 가지가 있습니다. 첫 번째는 단어를 골라서 쓰는 방법입니다. 단어 자체에 상대방을 높이는 의미가 담겨있는 것을 골라 쓰는 것이죠. 예를 들어볼까요.

"할아버지 이름이 뭐예요?" 친할아버지라고 해도 이렇게 여쭙는다면 버릇없다고 야단맞을 일이에요.

올바른 높임말을 쓰기 위해서는 단어 자체를 배워야 하는 경우가 많아요. 집을 '댁'이라고 하고, 생일을 '생신'이라고 하거든요. 또 어른의 이름은 '성함' 혹은 '함자'라고 합니다. 밥도 '진지'라고 표현하죠. 복잡해 보이는데 어떻게 기억하면 좋을까요. 여러 가지 높임말 표현법은 표를 참고하되 굳이 외우려고 하지 마세요. 높임말을 저절로 알게 되는 방법을 알려줄게요.

우리나라 작가들이 쓴 소설을 읽으세요. 소설가는 언어를 다루는 예술가입니다. 그들은 우리말로 이야기를 써 내려가죠. 소설을 쓰는 일에서 우리말에 대한 연구가 차지하는 비중은 상당히 높아요. 그렇게 고민해서 쓴 작품을 읽으면 자연스럽게 우리말의 표현법을 익힐 수 있어요. 높임말도 마찬가지겠죠. 소설을 읽으면 어휘력을 키우면서 높임말도 자연스럽게 배울 수 있으니 한 번에 두 마리 토끼를 잡을 수 있답니다. 새로운 표현이 나올 때마다 단어가 어떻게 쓰이는지 눈여겨보는 습관을 길러봅시다.

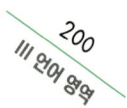

두 번째 방법은 서술어에 '~시'를 붙여 상대의 행동을 높여 말하는 방법입니다.

"아빠가 출근한다"에서 "아빠가 출근하신다"처럼요.

그런데, 서술어에 '~시'만 붙이면 모두 높임말이 되는 것은 아닙니다.

"할머니 어디가 아프신가요?"는 높임말을 잘못 쓴 표현입니다. 그럼 어떻게 써야할까요? "할머니 어디가 편찮으세요?"가 올바른 표현법입니다. "할아버지 밥 먹어" 대신 "할아버지 밥 드세요"라고 말하는 것도 잘못된 표현입니다. "할아버지 진지 드세요"라는 표현이 올바릅니다. 글을 쓸 때에는 더 주의해야 합니다.

단어 높이기	
이름	성함, 함자, 존함
생일	생신
밥	진지
집	댁
사람	분
말	말씀
생각	고견

서술어 높이기	
있다	계시다
묻다	여쭈다
주다	드리다
자다	주무시다
아프다	편찮으시다
말하다	말씀하시다
데려오다	모셔오다
먹다	드시다
만나다	뵙다
보다	보시다
쓰다	쓰시다
오다	오시다

먼저 높임말을 만드는 방법을 배워볼까요.

은/는 ➡ 께서

아버지<u>께서</u> 회사에 출근하셨다.

교장 선생님<u>께서</u> 교실로 들어오신다.

여러분도 한번 바꿔보세요.

아빠가 밥을 먹는다.
→ ～～～～～～～～～～～～～

할아버지가 온다.
→ ～～～～～～～～～～～～～

고객님의 물건이 왕은 아니잖아요

높임말은 사람에게만 써야 합니다. 때로 종교적인 의미에서 신을 묘사하거나 신께 바치는 언어는 높임말을 쓰기도 하지요. 그런데 요즈음 사물에 높임말을 쓰는 경우가 종종 있어요. "예약되셨어요" "커피 나오셨습니다" "말씀이 계시겠습니다"와 같이 말입니다. 모두 잘못된 표현입니다.

또 병원에서는 "주사 맞으실게요" "팔 걷으실게요" 등 잘못된 높임말을 아무렇지 않게 쓰고 있답니다. 올바른 표현법을 살펴볼까요. "예약되었습니다" "주문하신 커피 나왔습니다" 처럼 써야합니다.

병원에서 정중하게 환자를 대할 때에도 "주사 놓겠습니다." "소매 걷어 주세요"라고 해야 우리말을 바르게 쓰는 것입니다.

그렇다면 왜 이렇게 사물에 높임말을 쓰게 되었을까요? '고객은 왕이다'라는 말이 한때 유행한 적이 있었답니다. 상품을 판매하는 매장에서는 직

원들에게 고객을 맞이하는 때는 무조건 높임말을 써야 한다고 생각했어요. 그래야 고객을 존중하는 거라는 잘못된 믿음 때문이지요.

높임말은 사람을 존중하는 우리말의 아름다운 표현입니다. 정확하게 높임말을 쓰면 상대방도 나를 존중하게 됩니다. 하지만 사물에 높임말을 쓰는 우스꽝스러운 표현에 익숙해져 버린다면 우리말은 돌연변이를 하게 됩니다. 바이러스가 돌연변이를 하면 치료제를 찾기 어렵듯이, 우리말이 돌연변이를 하면 우리의 문화적인 정체성이 변질되지는 않을까요. 조금 까다롭지만 올바른 언어 생활을 위해 높임말을 정확하게 배우고 써야겠습니다.

단어가 모여 문장이 된다

언어에도 규칙과 질서가 있습니다. 품사는 대표적인 언어의 규칙입니다. 규칙과 질서를 익히면 언어의 원리가 보이고, 국어의 9품사를 익히면 우리말의 원리를 터득하게 됩니다.

4-1 / 국어 / 사전은 내 친구

품사(品詞)란 같은 성질의 단어끼리 구분해 놓은 묶음입니다. 단어의 뜻과 모양 그리고 역할에 따라 갈래를 지어둔 것이죠. 초등학교 교과 과정에서 배우는 국어 품사는 모두 아홉 가지입니다. 명사, 대명사, 동사, 형용사, 조사, 감탄사, 관형사, 부사, 수사입니다.

1 명사

사람, 사물, 장소 등 대상의 이름을 나타내는 묶음입니다. 명사는 보이는 것과 보이지 않는 것으로 구분하게 됩니다. 그래서 보이는 명사는 보통명사 그리고 눈에 보이지 않는 명사는 추상명사라고도 합니다.

- 보통명사 | 산, 바다, 강, 돌, 주먹, 머리, 발, 심장
- 추상명사 | 자유, 평화, 평등, 균형, 민주

2 대명사

사람 혹은 사물의 이름을 명사라고 하지요. 이 명사를 대신 부를 때 대명사(代名詞)라고 합니다. 한자를 보면 대신할 '대(代)'자를 쓰니 뜻을 그대로 살린 셈이지요.

대명사는 두 가지로 다시 구분할 수 있는데, 사람을 부를 때 '저, 너, 너희, 우리, 자네, 누구' 같은 단어를 씁니다. 이것을 인칭대명사라고 합니다. '이것, 그것, 저것, 무엇' '여기, 거기, 저기, 어디' 처럼 사물과 방향을 가리키고 지시할 때 부르는 말을 지시대명사라고 하지요.

대명사	단어 예시
인칭대명사	저, 너, 너희, 우리, 자네, 누구
지시대명사	이것, 그것, 저것, 무엇'(사물) '여기, 거기, 저기, 어디'(방향)

3 동사

사람 혹은 사물의 동작이나 작용을 나타내는 품사입니다. 주어의 상태를 풀어서 설명해 주는 역할을 합니다. 동사는 형용사, 서술격 조사와 같

이 어우러지면서 모양이 자유자재로 변합니다.

　동사의 모양을 보면 대부분 '~다'로 끝납니다. 형용사와 비슷한 모양이라서 헷갈릴 수도 있어요. 동사를 공부할 때는 한 가지만 기억하면 됩니다. 동사는 움직이느냐 아니냐에 따라 구분할 수 있어요. 단어의 뜻에 움직임의 의미가 있어야만 동사라 할 수 있답니다.

4 형용사

　사물의 성질이나 상태를 설명하는 품사입니다. '아름답다, 푸르다, 춥다, 즐겁다, 슬프다, 행복하다, 아프다, 많다, 적다, 시리다' 등입니다. 동사와 달리 형용사는 문장의 형식에 따라 쓰기 어려운 경우도 있습니다. 명령형, 청유형, 현재형에는 쓸 수 없답니다.

- 상태 | 저 바다는 푸르다. (○)
- 감탄형 | 저 바다는 참 푸르구나! (○)
- 현재형 | 저 바다는 푸르른다. (×)
- 명령형 | 저 바다는 푸르러라. (×)
- 청유형 | 저 바다는 푸르겠니. (×)

5 조사(助詞)

　품사를 이해할 때 한자 뜻풀이를 하면 그 기능을 쉽게 이해할 수 있습니다. 조사도 그렇습니다. '돕다'는 뜻의 '조(助)'자와 말이라는 뜻의 '사(詞)'

자로 되어있으니 문장 속에서 다른 품사의 단어를 '돕는 말'을 의미합니다. 그래서 홀로 쓰일 수는 없고 다른 단어에 붙어있어요.

우리말은 조사가 아주 발달된 언어입니다. 조사를 잘 쓰면 문장의 달인이 될 수도 있답니다. 조사의 종류로는 격조사, 접속조사, 보조사 등이 있는데 아래 사례를 보면서 확인해 볼까요.

종류	역할 혹은 기능
격조사	문장 속에서 자신의 앞에 오는 체언(주어 역할을 맡은 명사, 대명사, 수사를 이르는 말)에 자격을 준다. (예) 내가(주격) 그에게(부사격) 명령을(목적격) 하였다. (예) 그녀는(주격) 나의(관형격) 친구이다.(서술격)
접속조사	문장 속에서 두 단어를 같은 자격으로 이어준다. (예) 하늘과 강은 자연이다. (예) 너와 나는 학생이다.
보조사	앞에 오는 말에 특별한 뜻을 더해준다. (예) 그녀는 하늘을, 나는 바다를 찾아갔다.(대조) (예) 친구마저 그녀를 떠나버렸다.(하나 남은 마지막)

6 관형사(冠形詞)

관형사의 한자를 보겠습니다. 갓 모양 관(冠)에 모양 형(形), 그리고 말 사(詞)로 이루어져 있지요. 갓을 쓴 것처럼 다른 말을 꾸며주는 말이라는 의미입니다. 마치 왕관을 쓴 것처럼 문장을 장식하는 역할이라 생각하면 이해하기 쉬워요.

> **체언(體言)**
> 문장에서 주어 역할을 하는 명사, 대명사, 수사를 통틀어 이르는 말. 문장에서 몸통 역할을 하고 있다.

주어 역할을 하는 체언✹ 앞에서 내용을 자세히 꾸며주는 역할을 합니다. 주어의 성질이나 상태 혹은 정도를 분명하게 설명해줍니다. 이를 테면 '순 살코기' '한 사람' '새 옷' '모든 부모' 처럼 말이죠.

7 부사(副詞)

'돕다' '시중들다'는 부(副)와 '말' 사(詞)로 이루어져있어요. 즉, 돕는 말이라는 의미죠. 앞에 관형사는 주어와 같은 체언을 거들어주는 품사였어요. 그렇다면 부사는 누구를 도와줄까요. 부사는 형용사나 동사와 같은 용언✹을 또렷하게 해주는 역할을 합니다. '매우' '가장' '과연' '아주' 같은 말이 있습니다. 부사는 서로 친해서 다른 부사나 관형사를 꾸미는 역할을 하기도 합니다.

> **용언(用言)**
> 동사, 형용사처럼 풀어서 설명하는 역할을 하는 말로, 용언만으로도 독립된 뜻을 가지고 있다.

8 감탄사(感歎詞)

한자를 들여다보니, '느낄' 감(感)과 '탄식할' 탄(歎) 그리고 '말' 사(詞)로 이루어져 있군요. 말하는 사람이 감정을 실어 느낌, 놀람, 부름, 대답 등을 나타내는 성질을 가진 언어라는 사실을 짐작할 수 있지요.

감탄사를 이용하면 말하는 사람의 의지나 혼잣말을 독립적으로 표현할 수 있습니다. 형용사나 동사처럼 모양이 변하지도 않아요. '아' '오호라' '어머나'와 같이 말하는 사람의 감동과 탄식 같은 느낌을 나타낼 때 씁니다.

⑨ 수사(數詞)

'셈하다'라는 뜻을 가진 수(數)자에 '말' 사(詞)로 이루어져 있네요. 사물의 수량이나 순서를 나타내는 품사라는 걸 짐작할 수 있습니다. 수사는 다시 많고 적음을 나타내는 '양수사'와 순서를 나타내는 '서수사'로 구분할 수 있어요. 양수사로는 하나, 둘, 셋, 넷 따위가 있고, 서수사로는 첫째, 둘째, 셋째 등이 있습니다.

문장 만들기와
블록 조립의 공통점

블록 조립처럼 쉬운 문장 만들기. 공부가 아니라 놀이처럼 할 수는 없을까요.
내 맘대로 문장을 만들 수 있으면 말하기나 글짓기가
참 쉬워질 텐데 말이죠. 문장의 성분을 알고 익숙해지면 됩니다!

 5-1 / 국어 / 글쓰기의 과정

문장은 여러 개의 단어로 이루어져 있고, 한 편의 글은 여러 개의 문장으로 이루어져 있습니다. 블록 조립을 떠올리면 쉬워요. 어떤 모양의 블록이 있는지, 서로 다른 모양을 어떻게 짜 맞추면 될지 생각하면서 자신이 원하는 구조물을 만들어가죠. 문장 만들기도 마찬가지입니다. 어떤 성질의 단어가 있는지를 알면 어떻게 짜 맞춰야 할지를 알게 됩니다.

블록으로 여러 모양의 구조물이 나오듯이 문장도 어떤 단어를 쓰느냐에 따라 여러 가지 의미의 문장을 만들 수 있습니다. 문장의 종류에는 평서문, 의문문, 감탄문, 명령문이 있습니다. 굳이 외우지 않아도 됩니다. 이미 여러분이 알고 있는 문장의 종류도 있을 테니까요. 하나씩 배워볼까요.

문장의 성분을 찾아내자

문장의 성분은 문장을 이루는 요소입니다. 주성분, 부속 성분, 독립 성분의 세 가지로 나눌 수 있습니다. 그중에서 주성분은 문장을 이루는 뼈대라고 할 수 있지요. 빵을 만든다고 생각해볼까요. 식빵 한 덩어리를 만들려면 여러 가지 재료가 필요하지만 밀가루, 물, 소금 세 가지가 없으면 빵을 만들 수 없어요. 없어서는 안 되는 이 세 가지가 식빵의 주성분이라 할 수 있습니다. 나머지 이스트, 베이킹파우더, 우유 같은 재료는 부속 성분이라고 할 수 있겠죠. 단어를 나열해서 문장을 만들 때도 없어서는 안 되는 주성분이 있어요. 주어, 서술어, 목적어, 보어 네 가지입니다.

주어와 술어만 알아도 문장을 만들 수 있습니다. 주어는 말 그대로 문장의 주체가 되는 요소입니다. 누가, 무엇이 등에 해당하는데, 문장을 이끌어가는 주인공이랍니다. 품사 중에서는 대부분 명사가 주어의 역할을 맡고 있어요.

서술어는 주어가 무엇을 하는지, 어떠한 상태인지를 설명해 주는 역할을 맡고 있어요. 품사 중에서는 동사와 형용사가 서술어로 활동을 하고 있죠.

도빵이는 잔다.
주어   서술어

나연이는 한다.
주어   서술어

하늘이 푸르다.
주어   서술어

위의 예시 문장에서 도빵이와 나연이가 무엇을 하는지 자세히 설명하려면 또 다른 재료가 필요합니다. 그 역할은 목적어와 보어가 맡고 있습니다.

목적어는 문장에서 '무엇 무엇을' 혹은 '누구 누구를' 등에 해당하는 부분이죠. 목적어가 오는 위치는 서술어 바로 앞입니다.

아래에서 목적어가 무엇인지 확인해 볼까요.

도빵이는 잠을 잔다.
주어   목적어 서술어

나연이는 공부를 한다.
주어   목적어 서술어

보어는 주어와 술어로 문장을 표현하기에 부족한 부분을 보충해 주는 말입니다. 체언에 조사 '이/가'가 결합하여 보어가 됩니다. 이 경우 보어의 도움을 받아야 하는 서술어에는 '되다' '아니다'의 두 가지가 있습니다. 문장을 쓸 때 '무엇이'에 해당하는 부분이 보어입니다. 보어를 좀 더 쉽게 이해하려면, 서술어 '되다/아니다'를 보충해 주는 말이라고 생각하면 됩니다.

<u>도빵이는 중학생이 된다.</u>
　　주어　　　보어　　　서술어

<u>나연이는 초등학생이 아니다.</u>
　　주어　　　보어　　　서술어

목적어와 보어까지 알고 나면 글을 쓸 때 상황을 좀 더 자세하게 묘사할 수 있습니다. 그런데 고학년이 되어 복잡한 문장을 술술 쓸 수 있으려면 배워야 할 게 또 있어요. 부속 성분과 독립 성분입니다.

부속 성분은 다른 문장 성분을 꾸며주는 역할로, 관형어와 부사어가 있습니다. 관형어는 앞에서 품사 설명을 할 때 배운 관형사를 떠올려보세요. 관형사에서 관(冠)이라는 한자가 머리에 쓰는 갓이나 왕관 같이 꾸며주는 말이듯이 관형어는 사물, 사람 등 대상이 되는 말을 꾸며주는 역할을 합니다.

아래 문장에 관형어를 표시해 볼까요.

<u>도빵이가 새 옷을 입었다.</u>
　주어　관형어　　서술어

<u>아름다운 꽃이 피었다.</u>
　관형어　　주어　서술어

<u>나연이는</u> <u>도빵이의</u> <u>친구다.</u>
　주어　　관형어　　서술어

보조 성분의 문장 성분 중에서 부사어를 한번 볼까요. 부사어 역시 꾸미는 역할을 하는 문장 성분입니다. 문장에서 '어떻게'에 해당하는 부분이 바로 부사어라고 보면 되겠어요.

<u>도빵이가</u> <u>빨리</u> <u>달린다.</u>
　주어　　부사　　서술어

<u>하늘이</u> <u>붉게</u> <u>물들었다.</u>
　주어　　부사　　서술어

마지막으로 독립 성분을 설명해 볼게요. 독립 성분은 문장 안에서 독립적으로 쓰이는 문장입니다. 홀로 사용해도 말이 되는 문장 성분이에요. 앗, 예, 엇 등 감탄할 때 나오는 말이나, '도빵아' 처럼 누구를 부를 때 쓰는 부름 등의 기능을 하고 있어요.

<u>도빵아,</u> <u>연필</u> <u>좀</u> <u>빌려줘.</u>
　독립 성분　목적어　부사어　서술어

<u>앗,</u> <u>휴지를</u> <u>안 가지고 왔네.</u>
　독립 성분　목적어　　서술어

예, 지금 가요.
독립 성분 부사어   서술어

자 어때요? 문장 성분을 이해하고 나니 문장을 쓸 때 단어를 어떻게 나열해야 할지 조금은 알 것 같지요?

두 개 이상의 문장 잇기

이제 복문을 배워봅시다. 단문이란 한 가지 생각을 온전하게 표현할 수 있는 문장입니다. '무엇이~무엇이다'와 같이 하나씩의 주어와 서술어로 구성되어 있어요. 주어와 서술어가 한 묶음만 들어있으면 단문입니다.

도빵이는 주형이와 놀았다. (단문1)

도빵이가 학교에 갔다. (단문2)

위와 같이 주어와 서술어 그리고 목적어 혹은 보어 등 문장 성분을 한 묶음씩만 쓴 문장을 단문이라고 하고, 1개 이상의 묶음을 연결해서 쓴 문장을 복문이라고 합니다.

단문 한 개만으로도 정확하게 의사표현을 할 수 있지만, 단문만으로는 너무 간단해서 글쓰기 초보 수준에 머물기 쉽습니다. 내가 원하는 말을 다 담아내지 못할 뿐 아니라 단순한 문장이 반복되니 읽는 사람도 흥미를 잃어버리게 됩니다.

위에 있는 2개의 단문을 복문으로 바꿔볼까요?

도빵이가 주형이와 놀다가, 학교에 갔다.

그럼 몇 개의 단문을 엮어서 복문을 만들면 좋을까요? 초보 단계에서는 두 개의 단문을 엮어 보세요. 나중에 익숙해지더라도 한 문장에 세 개 이상의 단문이 들어가지 않도록 합니다.

세 개 이상의 단문을 묶어서 한 문장으로 만들면 자칫 비문✹이 되기 쉬워요.

비문(非文)
뜻풀이를 하자면 '문장이 아니다'라는 의미다. 문법에 맞지 않는 문장이나 표현을 말한다.

한 문장에는 하나의 생각만을 넣어야 합니다. 그리고 결정적인 생각을 뒤쪽에 넣는 것이 좋아요. 복문을 쓸 때 이것 하나만 유의하면 자신이 하고 싶은 말을 명쾌하게 글로 표현할 수 있답니다. 생각해 보세요! 한 문단을 쓸 때, 앞에 있는 문장의 맨 뒤쪽에 있는 핵심 생각을 이어받아서 다음 문장으로 연결지어야 생각의 흐름이 끊어지지 않겠죠! 이것이 꼬리에 꼬리를 무는 사슬 글쓰기, 일명 '꼬꼬무 글쓰기' 입니다.

예를 들어 설명해 볼게요.

도빵이는 축구를 하고 나연이는 책을 읽는다.
나연이는 책을 읽고 도빵이는 축구를 한다.

첫 문장과 두 번째 문장은 내용이 같은 것처럼 보이지만, 그 다음 문장을 연결해서 쓰면 완전히 다른 문장이 되기도 합니다.

첫 번째 예시에서는 다음 문장을 이어서 쓸 때 나연이의 책읽기에 관한 내용을 써야 합니다. 두 번째 예시에서는 도빵이의 축구에 대한 이야기를 연결해야 자연스럽겠지요.

- 도빵이는 축구를 하고 나연이는 책을 읽는다. 작가가 되고 싶은 나연이는 틈나는 대로 책을 읽는다. 나연이의 취미는 독서다.
- 나연이는 책을 읽고 도빵이는 축구를 한다. 축구를 할 때 도빵이는 아무것도 생각이 나지 않는다. 오로지 골대에 공을 넣는 생각만 한다.

복문을 연달아 쓰면 좋을까요, 나쁠까요? 복문은 문장을 좀 더 풍요롭

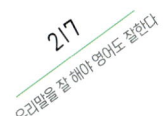

게 해주지만, 무턱대고 복문을 쓰다보면 문장이 길어지게 됩니다. 문장이 길어지면 읽는 사람이 혼란스러워져요. 실타래가 엉키듯 문장 성분들끼리 충돌을 일으켜 정확한 뜻을 파악하기 어렵거든요.

글을 쓸 때에는 문맥이 통하게 써야 합니다. 마치 우리 몸속에 맥박이 잘 뛰어야 건강한 몸을 유지하듯이 문장도 마찬가지입니다. 문장의 맥박, 즉 문맥이 잘 통하지 않으면 죽은 문장이 되고 맙니다. 좋은 문장은 읽는 사람이 뜻을 쉽게 파악하고 재미있게 읽을 수 있어야 합니다. 단문과 장문이 조화를 이루면 좋겠지요.

말이 되어야지!
논리를 찾아서

논리가 서야 말이 통합니다. 논리를 세우려면 상식과 이치에 맞는
말을 쓸 수 있어야 합니다. 방탄소년단의 UN 연설문을 통해
논리가 무엇인지 배워봅시다.

6-1 / 국어 / 주장과 근거를 판단해요

신문의 칼럼이나 논설문에서는 논리적인 글쓰기가 필수입니다. 그런데 개인의 감수성과 창의성이 중요한 시나 소설에도 논리적 글쓰기는 꼭 필요합니다. '논리'는 말이나 글에서 상식에 맞게 따지는 혹은 이치에 맞게 따지는 과정이나 원리를 뜻합니다.

> **칼럼**
> 신문이나 잡지에 사람들이 관심을 가지는 주제에 대해 주관적인 의견을 쓰는 기사를 말한다. '기둥'이라는 뜻으로, 신문의 정해진 칸에 글을 넣는다는 의미에서 붙은 이름이다.

상식과 이치란 굳이 어렵게 배우지 않아도 자연스럽게 깨닫게 되는 진

리와 같습니다. 때로는 한 사회 구성원 모두의 뜻이 모여져서 만들어지기도 합니다. 반대로 상식과 이치를 벗어난 글은 감동을 주기 어려워요. 수백 년 전에 쓴 고전이 여전히 사랑받는 이유는 인류가 살아온 삶의 이치와 상식에 맞기 때문이에요. 그렇다면 논리에 맞는 언어는 어떻게 써야 할까요.

'왜냐하면'을 적극 활용하자

논리적인게 뭐야? 도대체 감이 잡히지 않는다면 이것부터 해보세요. 접속사 '왜냐하면'을 쓰는 방법입니다. '왜냐하면'을 쓰면 앞에 제시한 자신의 주장의 근거를 설명하기 쉬워져요. '왜냐하면'이라는 말로 시작하면 '나는 이렇게 생각한다'가 자연스럽게 따라나올 수 있습니다. '왜냐하면' 외에 '그러나' '그리고' '그런데'와 같은 접속사는 글을 논리적으로 쓰는 데 도움이 됩니다. 이러한 접속사들은 문장과 문장 사이를 부드럽게 연결해 줍니다. 또 글이 하나의 주제에서 벗어나지 않게 해줍니다. 다만 접속사를 너무 자주 쓰면 글이 복잡해질 수도 있으니 주의하세요.

처음부터 접속사를 어디에 배치할까를 고민하지 말고 접속사를 충실하게 이용해서 문장을 다 쓰세요. 글이란 고치면 고칠수록 좋아지니까 처음 쓴 글을 고칠 때 꼭 필요한 접속사만 남겨두고 없애면 됩니다.

처음에는 '왜냐하면'을 자신의 생각을 정리하는 방법으로 써 보세요. 논리적인 글쓰기 습관이 어느 정도 몸에 배면, '왜냐하면'이나 '그리고' 혹은 '그런데' 같은 접속사를 안 쓰고도 앞뒤가 잘 통하는 글을 쓸 수 있습니다.

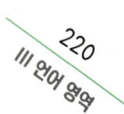

'왜냐하면'을 적절히 사용하여 논리적으로 글을 쓴 예를 몇 가지 살펴볼까요.

〈예시〉
바닷물의 온도가 높아지고 있다. 왜냐하면 온실가스 배출량이 늘어나면서 온실효과가 지나치게 심각해져 지구의 온도가 높아지고 있기 때문이다. 이것을 지구온난화현상이라고 한다.

여러분도 한번 써 보세요. 뒤에 3개의 문장을 이어서 써 보세요.

- 나는 햄버거를 좋아한다. 왜냐하면 _____

〈정답 예시〉
- 나는 햄버거를 좋아한다. 왜냐하면 고기와 채소 그리고 빵을 같이 먹을 수 있기 때문이다.
- 나는 햄버거를 좋아한다. 왜냐하면 배고플 때 빠르게 먹을 수 있기 때문이다.
- 나는 햄버거를 좋아한다. 왜냐하면 가지고 다니면서 먹을 수 있어서 간편하기 때문이다.

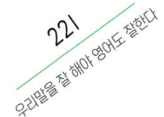

앞뒤가 연결되는 글을 쓰자

이치에 맞는 글쓰기를 위한 두 번째 방법은 사슬을 엮듯이 글을 쓰는 것입니다. 글이 사슬 구조로 되어 있다는 말은 앞 문장과 뒤 문장을 읽었을 때 서로 잘 연결되어 자연스럽게 흘러간다는 의미입니다. 글의 주제도 하나를 깊이 파고들어서 이야기하듯이 써야 합니다.

〈예시〉 방탄소년단의 유엔본부 연설 중 일부(2018년 9월 24일)

(도입부 생략)

어제 실수를 했더라도 어제의 나도 나입니다. 부족하고 실수하는 오늘의 나도 나입니다. 좀 더 현명해질 수 있는 내일의 나도 나일 것입니다. 이런 나의 실수와 잘못 모두 현재의 나이며, 내 삶의 별자리에서 가장 밝은 별무리입니다. 저는 오늘의 나이든, 어제의 나이든, 앞으로 되고 싶은 나이든, 제 자신을 사랑하게 되었습니다.

And maybe I made a mistake yesterday, but yesterday's me is still me. Today, I am who I am with all of my faults and my mistakes. Tomorrow, I might be a tiny bit wiser, and that'll be me too. These faults and mistakes are what I am, making up the brightest stars in the constellation of my life. I have come to love myself for who I am, for who I was, and for who I hope to become.

(중간 생략)

그러니 우리 모두 한발 더 나아가 봅시다. 우리는 우리 자신을 사랑하는 법을 배웠습니다. 그리고 이제 저는 여러분들께 "여러분 자신에 대해 말해보세요"라고 전하고 싶어요.

저는 여러분 모두에게 묻고 싶습니다. 여러분의 이름은 무엇입니까? 무엇이 여러분의 심장을 뛰게 하나요? 여러분의 이야기를 들려주세요. 여러분의 목소리를 듣고 싶습니다. 그리고 여러분의 신념을 듣고 싶습니다. 여러분이 누구이든, 어느 나라 출신이든, 피부색이 어떻든, 성 정체성이 무엇이든, 여러분 자신을 이야기해 주세요. 여러분 스스로에 대해 말하면서 여러분의 이름과 목소리를 찾으세요.(중간 생략)

여러분의 이름은 무엇인가요? 스스로에게 말하세요.

So let's take all one more step. We have learned to love ourselves, so now I urge you to speak yourself. I'd like to ask all of you, What is your name? What excites you and makes your heart beat? Tell me your story. I want to hear your voice, and I want to hear your conviction. No matter who you are, where you're from, your skin color, your gender identity, just speak yourself. Find your name and find your voice by speaking yourself.(중간 생략)

What is your name? Speak yourself.

지난 2018년 9월, 방탄소년단(BTS)이 유엔본부에서 열린 유엔 청년프로그램 행사에 참가했습니다. 위의 글은 멤버의 리더 격인 RM이 '너 자신을 사랑하라(Love Yourself)'는 제목으로 했던 연설 중 일부입니다. 제목에서 볼 수 있듯이 스스로를 인정하고, 받아들이고, 자신의 모습을 있는 그대로 사랑하라는 메시지가 강하게 느껴집니다.

많은 사람들 앞에서 실수를 한 자신을 고백하며 연설을 이어가는 BTS의 리더 RM은 실수를 하면서 인간은 더욱 현명해진다고 말하고 있어요. 실수라는 말은 자신의 모습 그대로를 인정하라는 의미에서 나온 단어일 뿐, 결국은 자신을 미워하지 말고 사랑하자고 결론을 이끌고 있어요. 이처럼 하나의 주제로 문장과 문장, 문단과 문단을 사슬로 연결해 놓은 듯 글을 쓰면 글에 짜임새가 생깁니다. 어려운 단어가 별로 없지만 듣는 사람이 감동할 수밖에 없는 이유는 '너(You)'와 '사랑(Love)'에 있습니다.

논리적으로 쓰자

논리적인 글쓰기란 '말이 되게 쓰라' '뜻이 통하게 쓰라'는 의미입니다. '말이 되게 쓰려면' 문장 간에 또 문단 간에 문맥이 통해야 합니다. 그런데 실제로 글을 써 놓고 보면 말이 안 되는 경우가 종종 있지요. 말이 안 되는 문장은 그 자체로 논리적이지 않다는 증거입니다. 좀 더 전문적으로 설명하자면, 논리적인 글쓰기는 내가 읽는 이에게 말하고자 하는 내용이 '참'이어야 한다는 뜻입니다. '거짓'이 아니라는 것을 증명해 나가는 것이 바

로 논증이지요.

논증이라고 하니 어려워 보이는데 한자를 풀어서 설명하면 '논리적으로 증거를 대다'라는 의미입니다. 어떤 판단이 참인지 거짓인지 그 이유를 따져보는 일이죠.

대표적인 논증법으로 연역법과 귀납법이 있습니다. 연역법은 진리와 상식 같은 말을 먼저 내세우고 자신의 주장을 증거로 풀어서 설명하는 방법입니다. 거꾸로, 귀납법은 증거를 먼저 제시한 후에 자신의 주장을 결론으로 맺는 방법입니다.

연역법

(대전제) 모든 사람은 굶으면 배가 고프다.
(소전제) 나는 사람이다.
(결론) 그러므로 나는 굶으면 배가 고프다.

연역법을 영어로 'Deduction'이라 표기하는데, '빼기'를 뜻합니다. 말 그대로 연역법은 뺄셈을 생각하면서 쓰면 됩니다. 이미 알려져 있는 사실(판단)을 근거로 새로운 판단을 이끌어내는 논리법이지요. 모든 대상에 적용할 수 있는 대전제를 제시한 후 자신이 증명해 보이고자 하는 대상을 대입하는 소전제에 적용하는 것이죠. 그리고 마지막으로 결론을 맺으면 됩니다. 일상 생활에서 자주 쓰이는 방법이지요. 하나의 예를 더 살펴볼까요.

〈예시〉

사람은 죄를 지으면 벌을 받는다

철수는 죄를 지었다.

그러므로 철수는 벌을 받는다.

여러분도 예시를 한번 만들어 보세요.

(대전제) ~~~~~~~~~~~~~~~~~~~~~~~~~

(소전제) ~~~~~~~~~~~~~~~~~~~~~~~~~

(결론) ~~~~~~~~~~~~~~~~~~~~~~~~~~~

귀납법

(개별 전제) 공자는 죽었다, 맹자는 죽었다.

(개별 전제) 두 사람은 모두 사람이다.

(결론) 그러므로 사람은 죽는다.

귀납법은 특수하고 개별적인 전제를 제시해 결론을 이끌어내는 논리법입니다. 귀납법을 뜻하는 영어 'Induction'은 '이끌려가다'라는 뜻을 가진 라틴어 'Induce'에서 유래했습니다. 개별적인 전제를 내세워서 자신이 주장하는 결론이 '참'이라는 것을 증명하지요. 귀납법을 쓸 때 한 가지 유의할 점이 있습니다. 개별 전제가 모두 '참'일 때에만 결론이 '참'이 된다는 것입니다. 귀납법 연습을 한번 해 볼까요.

(개별전제) ～～～～～～～～～～～～～～～～～～～～
(개별전제) ～～～～～～～～～～～～～～～～～～～～
(결론) ～～～～～～～～～～～～～～～～～～～～～～

가성비 높은 자기 표현법, 글쓰기

무엇을 읽고
어떻게 쓸 것인가

책을 읽고 느낀 점은 사람마다 제각기 다릅니다.
정답이 없지요. 책을 다 읽고 나서 마음에 솟아오르는 느낌을 쓰는
독후감은 나를 잘 표현할 수 있는 글쓰기입니다.

4-2 / 국어 / 독서 감상문을 써요

독후감(讀後感)이라는 한자를 가만히 들여다보면 '읽은 후에 느낌을 쓰는'이라는 뜻이 담겨있습니다. 특히 책을 읽고 느낀 점을 쓰는 것을 독후감이라고 합니다. 책의 내용을 요약만 했다면 잘 쓴 독후감이라 말하기 어려워요. 자신이 책을 읽고 무엇을 느꼈는지를 설득력 있게 쓰는 것이 중요합니다.

독후감 쓰기는 초등학교에서 배우는 글쓰기의 모든 것을 배울 수 있는 좋은 방법입니다. 책의 줄거리를 정리하는 법, 문법을 자연스럽게 배우는

과정 등을 자연스럽게 배울 수 있기 때문이죠. 독후감 쓰기는 우리말의 어휘력과 문장 이해력을 키우는 데도 효과적입니다.

특히 문장을 어떻게 이어갈까에 대해 고민하는 과정에서 논리를 따지게 되고 자신이 하고 싶은 말을 전달하기 위한 여러 가지 단어를 떠올리면서 국어 표현력을 터득해 나갈 수 있습니다.

독후감을 잘 쓰고 싶어요!

독후감을 잘 쓰기 위해서는 읽을 때부터 무엇을 쓸 것인가를 생각해야 합니다. 책을 읽으면서 줄거리를 잡고, 줄거리가 전하는 핵심 메시지에 대한 나의 생각을 정리해둡니다.

독후감을 쓸 때 두 개의 부분으로 나눠서 구성할 수 있습니다. '줄거리 요약'과 '나의 생각 쓰기'입니다. 글을 쓸 때는 대부분 객관적 사실을 정리하여 제시하고 그에 대해 자신의 생각이나 의견을 덧붙입니다. 또 그렇게 생각하는 이유나 근거를 대야 합니다.

줄거리는 어떻게 요약할까요? 책을 다 읽고 나서 '참 좋았다' '참 재미있었다' 두 문장 밖에 생각이 나지 않는다면 육하원칙을 적용해보는 겁니다.

'누가, 언제, 어디서, 무엇을, 어떻게, 왜' 했나요? '무엇이, 언제, 어디서, 어떻게, 왜' 일어났나요? 한 두 문장씩 써 보세요. 사건이 복잡하다면 세 문장 이상으로 정리할 수도 있습니다. 육하원칙으로 문장을 만들고 이어서 몇 문장 더 쓰다 보면 줄거리를 완성할 수 있습니다.

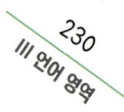

'나의 생각 쓰기'도 어렵지 않습니다. 일단 책 속 주인공과 주요 등장인물, 주요한 사건을 떠올리세요. 그 다음에 질문을 던지는 것이죠.

- 인물은 어떤 성격인가요?
- 어떤 사건이 벌어졌나요?
- 사건은 어떤 과정을 거쳐 마무리가 되었나요?
- 사건 전개 과정에서 어떤 느낌이 드나요?
- 내가 만약 주인공이라면 어떤 행동을 했을까요?

위의 질문들을 스스로에게 던지며 솔직한 느낌을 떠올려 보세요. 그런 다음 왜 그렇게 생각하는지, 왜 그렇게 느꼈는지 돌아보면서 글로 옮겨 보세요. 이때 문장 정리가 잘 안된다면 '왜냐하면'을 떠올리세요. 논리적 글쓰기의 첫걸음인 접속사는 '왜냐하면'이거든요. '왜냐하면'에 대한 대답은 책을 읽은 사람에 따라 제각기 다를 수가 있어요. 그것이 바로 느낀 점입니다.

자, 그럼 실제로 독후감을 한번 써 봅시다. 책을 한 권 읽고 나서 아래 과정을 따라 빈칸을 채우며 생각을 정리하세요. 그리고 글을 써 보세요. 학생들과 글쓰기 수업을 할 때 종종 이용하는 방법인데, 이 과정을 거치면 독후감 쓰기가 훨씬 쉬워집니다.

독후감 쓰기 9단계

1. 읽은 책의 제목을 써 보세요.

~~~~~~

2. 책을 놓고 30초간 눈을 감고 생각합니다. 이때 제일 먼저 떠오르는 단어 5개를 재빨리 아래 빈칸에 써 넣어요.

~~~~~~

3. 위의 단어들이 왜 생각났는지에 대해 단어별로 30초씩 생각합니다.

~~~~~~

4. 위의 단어 5개 중에서 2개만 아래 칸에 각각 적어봅니다(단어 5개→ 단어 2개로 줄이기). 그다음 그 단어를 고른 이유를 써 보세요.

단어 1 ~~~~~~
단어 2 ~~~~~~

5. 내가 고른 단어가 아래 보기 중 어디에 속하는지를 선택해 보세요.
① 저자 ② 시대적 배경 ③ 제목 ④ 등장인물의 성격 ⑤ 장르 ⑥ 기타

6. 내가 고른 단어 2개로 문장을 만들어 봅시다. 단락의 주제가 될 문장입니다.

~~~~~~~~~~~~~~~~~~~~~~~~~~~~~~~~~~~~~

7. 첫 문장을 써 봅시다(대부분 이것이 주제가 됩니다).

~~~~~~~~~~~~~~~~~~~~~~~~~~~~~~~~~~~~~

8. 문장의 뼈대를 만들어 봅시다.
주제에 대해 생각나는 단어를 모두 쓰고, 그중에서 이야기로 만들 수 있겠다고 생각되는 단어를 고르세요.

9. 쓰기
- 내가 하고 싶은 이야기가 무엇인지 생각한다.
- 저자가 말하고자 하는 핵심 주제를 요약한다.

이렇게 독후감을 쓰다보면 책을 읽는 방법도 달라집니다. 소설을 읽는 동안 내가 주인공과 한 몸이 되거나 한 발짝 떨어져 관찰하면서 이야기 속으로 들어가 보면 읽은 후 느낌이 다르답니다. '나라면 이렇게 했을텐데…'와 같이 생각의 폭을 넓혀나갈 수 있습니다.

이것마저 알려주마!

이제 여러분 차례입니다. 위에 소개한 독후감 쓰는 법을 기억하면서 한번 써 보세요. 독후감 쓰기 좋은 책 두 권을 골랐습니다. 첫 번째 책은 김려령 작가의 《플로팅 아일랜드》이고, 두 번째 책은 6학년 교과서에도 실린 브라질 작가 J.M. 바스콘셀로스의 《나의 라임 오렌지나무》입니다.

책 제목 : 플로팅 아일랜드(김려령 지음. 이주미 그림. 비룡소 펴냄. 2017)
줄거리 : 뜬다는 뜻을 가진 '부유도'라는 낯선 섬으로 여행을 떠난 강주가 섬의 비밀을 알게 되면서 사건이 벌어집니다. 부유도에서 펼쳐지는 강주의 모험을 통해 우리는 무엇을 느끼게 될까요.

책을 함께 읽고 독후감을 쓴 친구들의 글을 소개합니다. 같은 책을 읽었지만 저마다 생각이 달랐습니다. 친구들이 쓴 독후감을 함께 읽어볼까요. ★친구들이 쓴 그대로 옮겨 적었습니다.★

독후감상문 1

이주형(서울 소의초등학교 5학년)

처음에 가족이 부유도에 왔을 때 쓰레기 산이 있는 하리 마을에 도착했었다. 하지만 반대편 마을에는 트랩도 있고, 멋있는 게 많은 곳이었다. 부유도는 옛날 남아프리카 공화국의 아파르트 헤이트 정책 같았다. 백인들은 엄청나게 높고 시설이 좋은 곳에 있고, 흑인은 텐트만 쳐 있고 시설이 적은 곳에서 살게 하는 정책이다. 현재까지도 텐트에 사는 사람이 있다. 이런 것처럼 부유도에서 떠난 사람의 후손을 하리 마을에만 가둬놓는 형식처럼 쓰레기 산 옆에서 살고 있다.

부유도 촌장은 자유니 뭐라니 하는데 하리 마을도 부유도인데 자유가 없나? 어쨌든 부유도는 정말로 가면 기분이 나쁠 것 같다. 그리고 그 아저씨도 약간 불쌍하기도 하면서 비열한 것 같다. 그 아저씨도 누구에게 소개를 받아서 부유도 와서 강주네 가족처럼 있다가 떠났을 것이다. 그런데 강주네 가족처럼 부유도 사람들이 부자연스럽게 친절한 것을 알면서도 보낸 것은 "나만 당할 수 없지" 같다. 그리고 부유도에 왔을 때는 친절하게 했지만, 점점 시간이 지나면서 친절하지 않게 된다. 그리고 납치하듯이 사원에 데려가려고 했다. 다행이도 빠져나왔지만 부유도 사람들은 약간 사이코패스 같았다(하리마을 사람들과 호텔 할머니와 할아버지는 빼고). 부유도는 정말 이상했다.

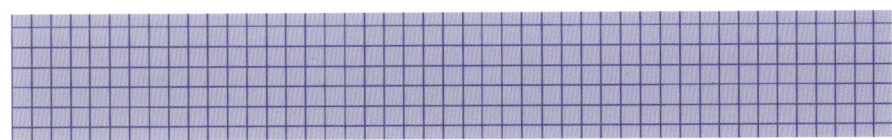

이 책은 재미있었다. 친구들에게 추천해주고 싶은 책이다.

➡ 부유도의 이중적인 모습을 정확하게 파악을 했습니다. 참 잘했습니다. 한 가지 고칠 점이 있다면 왜 친구들에게 추천해 주고 싶은지 그 이유를 구체적으로 써 주면 좋겠습니다.

최나연(서울 소의초등학교 5학년)

이 책은 강주네 가족이 여름 휴가를 부유도로 가게 되면서 일어나는 이야기다. 부유도는 아빠 회사 신입사원이 적극적으로 추천해주면서 정해진 곳인데 낚시 광팬인 아빠에겐 더할 나위 없는 곳이기도 했을 것이다. 휴가지가 정해지고 나선 준비할 것들이 많다. 그중에도 먹을 것. 아빠 회사 후배는 라면만 챙겨가면 된다고 했지만 강주네 가족은 고기와 소시지도 함께 챙겼다.

기차를 타고 목포로, 목포에서 배를 타고 그리고 바지선 같은 작은 배를 또 타고 힘든 여정이었지만 강주네 가족은 부유도에 도착했다. 섬에 도착해서 처음 본 건 쓰레기 산이었다.

전화도 문자도 인터넷도 안되는 걸 확인한 가족은 일단 촌장님을 찾기로 하고 섬 안으로 들어가다 한 할아버지를 만나게 된다. 촌장님을 만나야 한다고 했더니 비탈길을 넘어가면 만날 수 있다고 했다. 비탈길을 넘은 가족은 반대편의 광경을 보곤 깜짝 놀라게 된다. 자신들이 넘어온 비탈길 반대편은 잘 가꿔진 공원이 있는 시내의 모습이었기 때문이다. 거기다 트램이 다니는(?) 정말 이상한 곳이라고 생각했다. 공원 벤치에 짐을 내려놓고 사자상 샘물을 맛보았다. 그리고 주위를 살펴본 가족은 언덕에 플로팅 아일랜드의 문구를 보고선 여기가 가족의 목적지인 부유도라고 확신한다.

플로팅 아일랜드? 떠다니는 섬? 그걸 보고 아빠는 딸 부를 생각해 내고선 회사후배가 장난을 친거라 혼자서 착각까지 하신다. 배가 고파진 가족은 공원 한 켠에서 라면을 끓여먹곤 한 아저씨를 만나게 된다. 그 아저씨에게 호텔의 위치를 안내 받았다. 호텔에서 만나게 된 아주 느린 노부부는 강주 가족에게 엄청 큰 친절을 베풀어 주신다. 숙박 카드에 6박7일이라고 쓰는 부분(사실 나는 여기서 6박 7일이라고 쓴 것이 신의 한 수가 아니었나라는 생각이 든다. 만약 3박4일이라고 썼다면 감시당하고 있다고 느끼기도 전에 뭔가 큰일이 일어났을 것 같기 때문이다. 플로팅 아일랜드 사람들이 숙박 카드의 정보를 알고 천천히 계획한 게 아닐까 하는 생각이 들었다). 방을 소개 받은 가족은 와이파이도 안되고 전화는 오로지 방에 있는 전화기만 된다는 기막힌 현실에 또 한 번 실망을 하게 되지만 별 생각 없이 지나가게 된다. 화장실에서 볼일을 본 강주는 물 내리는 버튼이 없자 온 가족이 당황해 한다. 그러다 한 켠에 줄이 있는 걸 확인하곤 잡아당겼더니 물이 쿠아악 내려갔다. 참 신기한 게 한두 가지가 아닌 호텔이다. 배가 고파진 가족은 그제서야 짐을 확인하게 된다. 고기며 소시지며 과일 채소며 … 왜 이렇게 많이 챙겼냐며 서로를 원망하지만 얼음이 다 녹아버린 아이스박스라 오늘 저걸 다 먹어야 한다며 먹을 장소를 찾기 시작한다. 어두워지기 전에 가족은 다시 하리 마을 근처로 가게 된다. 하리 마을로 가기 전 정육점 아저씨에게 장작을 공짜로 얻게 되는데 장작값은 다음 고기 사는 걸로 치자고 한다. 그리하여 강주네는 하리마을 쪽 해변에서 저녁을 해 먹게 된다. 고기며 채소며 파인애플, 소시지, 된장찌개까지 … 배불리 바비큐를 하고 있던 찰나에 누군가가 다가오는 걸 보게 된다.

초이와 초아 …. 낮에 하리마을에서 반대편으로 넘어갈 때 만났던 아이들, 어린 남매였다. 강주보다 한 살 어린 초이. 그리고 초이 동생 초아. 음식을 나눠먹은 강주네 가족과 초이 남매는 맛있게 먹은 아이들을 보고 남은 음식을 나눠주게 된다. 그런데 초이 남매는 쓰레기는 본인들이 잘 버린다며 쓰레기를 잽싸게 가지곤 사라진다.

이틀째 되는 날 아침 엄마와 강주는 플로팅 아일랜드의 아침을 보게 되고 상점 골목에서 나오는 초아를 보게 되는데, 초아는 쓰레기를 지게에 짊어지고 나온다. 무안해 할거라며 그냥 지나치자는 엄마를 따라 산책을 하다 정육점 아저씨를 만나게 된다. 호탕한 성격으로 좋은 인상을 하며 엄마와 인사를 하는 정육점 아저씨 …. 그리곤 다시 호텔로 오게 된다. 아직 아침잠을 자고 있는 아빠를 깨워 조식을 먹으러 가게된 강주네. 간단하게 먹고 강주는 초아를 찾으러 가게 되고 엄마 아빠는 또다시 잠을 청한다. 초아와 초이를 만난 강주는 바닷가에서 신나게 수영을 하고 호텔에 몰래 들어와 목욕도 하고 라면을 함께 끓여먹게 된다. 라면을 처음 먹어보는 초이 남매는 짜장라면을 맛있게 먹게 되는데 강주는 남매에게 집으로 돌아갈 때 몇 개 더 챙겨주게 된다.

셋째 날 촌장님께 황금명함을 발급받은 강주는 초이 남매와 함께 플로팅 아일랜드를 다니게 된다. 트램도 타고 여기저기 구경을 다니다 라면을 먹기 위해 필요한 도구를 구하러 간 만물상. 거기서 촌장님이

얘기해주신 수라는 아이를 만나게 된다. 라면을 끓이기 위한 도구들을 공짜로 준비해주는 수였다. 라면을 맛있게 먹고 사자상 생물을 먹는 찰나…, 정육점 아저씨가 초이의 따귀를 때리게 된다. 함부로 먹으면 안 된다는 정육점 아저씨…, 이렇게 작은 섬을 안과 밖으로 구분지어 놓고 차별이 심한 이런 상황에 강주는 의문과 화가 나기 시작한다.

부유도에서 보낸 넷째 날이 되고 나서야 엄마 아빠는 뭔가 이상한 느낌을 받게 된다. 그 흔한 관광객도 없고 자유로이 움직이는 배도 없으며 누군가가 자꾸 감시하는 느낌을 받은 강주네 부모님은 이 섬을 빠져 나가기로 결심한다. 초이가 하리 마을 어른의 전갈이 있다며 호텔 할아버지와 방에 찾아왔을 때 모두 사실을 듣게 된다. 내일이면 사원 사람들이 강주네를 데려갈 것 같다는 말에 섬을 빠져 나갈 계획을 세운다. 초이와 호텔 할머니, 할아버지… 그리고 하리마을의 할아버지. 결정적인 계획을 알려준 사원에서 일하는 초이 엄마. 이 사람들의 도움으로 강주네는 고무보트를 타고 부유도 플로팅 아일랜드를 빠져 나오는 데 성공을 한다. 바다 한가운데에서 한 할아버지가 잠든 강주네를 발견하곤 항구로 데려다 주면서 아슬아슬했던 3박 4일간의 여정은 모두 끝이 나고 만다.

집으로 돌아온 강주네가 처음으로 한 일이 천재 빵쟁이 아저씨의 행방을 찾는 것이다. 하지만 핸드폰은 없는 번호로 나오고 회사도 사표를 낸 상태였다. 그리고 부유도의 호텔도 없는 번호로 나온다. 하지만 초이가 준 물병, 베이컨과 할머니가 챙겨주신 꿀병, 아빠 차에 매달려 있는 호텔 열쇠가 우리가 부유도를 다녀왔다는 증거가 된다. 십이 년 만에 열린 동쪽 길이라고 했으니 앞으로 십이 년 후 다시 플로팅 아일랜드를 찾아갈 계획을 세우게 되는 강주.

플로팅 아일랜드를 읽으며 궁금한 점이 있다면 플로팅 아일랜드를 가게 해준 빵쟁이 회사직원의 존재이다. 그는 과연 누구일까? 오래전 부유도에서 사라진 초이의 삼촌은 아닐까? 하는 엉뚱한 상상을 해본다. 그리고 강주네가 부유도에 전달한 신의 말씀은 무엇이었을까? 십 이년 후 강주는 플로팅 아일랜드를 잘 찾아갈 수 있을까?

➜ **상상력이 아주 풍부합니다. 한 가지 고칠 점이 있다면, 책의 내용을 정리하는 데 너무 많은 분량을 써 버렸습니다. 정작 내가 하고 싶은 이야기는 쓰지 않고 의문점으로 남겨 놓았습니다. 솔직한 나의 느낌을 쓸 수 있도록 해 봅시다.**

책 제목 : 나의 라임 오렌지나무 (J.M. 바스콘셀로스 지음, 박동원 옮김, 동녘주니어 펴냄, 2012)
줄거리 : 아빠가 일자리를 잃자, 엄마가 가장 노릇을 하며 공장에서 일을 한다. 누나들도 공장에 나가 온종일 일을 하다 보니 주인공 제제는 가족의 사랑과 보살핌을 받지 못한다. 하루가 멀다하고 매를 맞는 제제에게는 라임 오렌지 나무 한 그루가 있다. 제제는 장난기가 심해 동네에 악동으로 알려지지만, 순수하고 맑은 마음으로 세상을 바라보면서 성장해 나간다.

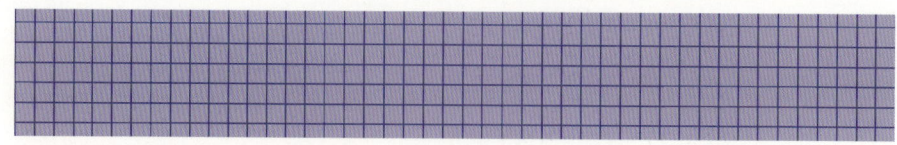

김도윤(서울 소의초등학교 5학년)

나는 엄마의 추천으로 《나의 라임 오렌지나무》를 읽게 되었다. 처음에는 책이 뭐가 재미있겠냐는 심정으로 읽었는데 읽다보니 너무 재미있었다. 만약 나에게 가장 감명 깊고 재미있었던 이야기를 세 개 고르라고 한다면 제제가 나이를 속이고 학교에 입학한 일, 제제가 뽀루뚜가에게 자신이 매를 맞은 이유와 억울했었던 일을 이야기한 것, 그리고 제제가 슬픔에 빠진 아빠에게 흥겨운 탱고 노래를 불러준 부분이다. 그중에서도 마지막 세 번째, 제제가 아빠에게 들려준 노래 속에 "나는 벌거벗은 여자가 좋아"라는 가사가 있어서 아빠한테 매를 맞는 장면이 가장 기억에 남았고, 제제가 너무 안타까웠다.

이 책의 등장 인물을 소개하자면 먼저, 주인공은 제제라는 5살 아이다. 제제에게는 라임 오렌지나무가 한 그루 있는데 나무의 이름은 밍기뉴이고 애칭은 슈르르까이다. 그리고 제제와 가장 친한 친구는 마누엘 발라다리스인데 제제가 부르는 애칭은 뽀루뚜가다. 뽀루뚜가는 제제와 가장 친한 친구지만 나이는 제제의 아빠와 같다. 다른 등장인물도 많지만 팔이 아파서 그만 쓰겠다.

나는 이 책을 읽고 조금 놀랐다. 왜냐하면 5살짜리 아이가 라임 오렌지나무와 대화를 하고, 다른 사람의 슬픔을 자기 일처럼 느끼는 것이 신기했기 때문이다. 생각해 보니 제제가 그렇게 할 수 있는 이유는 세상 모든 것에 관심을 가지고 소중하게 생각하기 때문인 것 같다. 나도 제제처럼 작은 것에도 관심을 가지는 사람이 되고 싶다.

➡ 책을 읽고 느낀 점을 간결하면서도 정확하게 써 놓았어요. 한 가지 보완할 점이 있다면 조금 더 구체적으로 써주면 좋겠어요. 나의 독후감을 읽고 다른 친구들이 이 책을 읽고 싶게 만든다면 더 신나지 않을까요?

아무리 긴 글이라도
한 문장으로 바꿀 수 있다!

긴 글을 읽고 일목요연하게 정리하려면 핵심을 파악해야 합니다.
요약하기는 글의 핵심을 파악하는 데 효과적입니다.
요약하기가 익숙해지면 아무리 긴 글이라도 쉽게 이해가 됩니다.

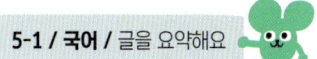

5-1 / 국어 / 글을 요약해요

    책을 읽고 이해하기까지의 과정을 살펴보겠습니다. 책을 펴서 글자를 읽으면 뇌가 움직입니다. 눈으로 읽은 글자를 뇌가 이해하려는 시도죠. 이때 무슨 말인지도 모르면서 책장만 넘기면 손가락과 눈은 움직이지만 뇌는 활동을 하지 않습니다. 여러분이 책을 읽는 동안 뇌는 상상을 하게 됩니다. 줄거리를 따라가다 보면 이야기 속으로 빠져들게 되죠. 때로는 주인공이 되어 악당을 물리치기도 하고, 낯선 길을 여행하는 탐험가가 되기도 합니다.

그런데 막상 책을 다 읽고 나서 느낀 점을 말하려고 하면 생각이 잘 안 나요. 왜 그럴까요? 생각이 정리되지 않아서죠. 어떻게 하면 될까요? 여러분에게만 비법을 전해드리겠습니다.

요약하기의 달인 되기

요약하기는 한 편의 글 또는 한 권의 책에서 핵심 내용을 끄집어내는 과정입니다. 글의 내용을 이해하고 내 것으로 만드는 좋은 방법이죠. 글쓰기 연습에도 매우 효과적입니다.

요약하기는 글이나 책을 '읽은 후'가 아니라 '읽기 전'부터 시작해야 합니다. 다 읽은 후에 내용을 요약하려면 어떻게 해야할 지 막막하죠. 읽으면서 중요한 대목이라고 생각되는 부분을 표시해 두고 느낀 점이나 중요한 단어를 적어두세요. 글을 읽는 사이사이 자신도 모르게 머릿속으로 인상 깊었던 문구를 되짚어 보고, 줄거리를 떠올려보세요. 또 중요한 내용을 표시해두는 방법도 좋습니다. 지금부터 '요약하기' 과정을 설명하겠습니다.

① 세 번 읽는다

먼저, 글을 읽어야겠지요. 뉴스 기사와 같은 짧은 글을 고르세요. 읽기에도 요령이 있습니다. 무턱대고 읽기보다 효과적으로 읽고 싶다면 세 번 읽기를 권합니다. 처음에는 눈으로 정독하고, 그다음에는 연필로 중요한 부분을 표시해가며 읽습니다. 세 번째 읽을 때는 핵심 키워드 혹은 자신

의 생각을 빈 공간이나 메모지에 쓰세요. 만약 세 번을 읽어도 글의 핵심 내용을 잘 모르겠다 싶으면, 중요하다고 생각하는 문단을 찾아서 그 문단만 다시 읽어보세요.

② 생각을 말로 정리한다

다음은, 적어 둔 키워드나 메모를 보면서 생각을 해봅니다. 요약은 짜깁기가 아닙니다. 글을 읽으며 중요하다고 표시해 놓은 것을 종이에 그대로 옮기면 끝나는 게 아니라는 뜻입니다. 자신이 읽은 내용을 나의 언어로 정리할 수 있어야 합니다. 이 과정은 '말하기'로 대체할 수 있습니다. 말하기를 통해 글로 요약하는 시간을 절약할 수 있고, 글쓰기에 대한 공포도 줄일 수 있어요.

정리를 다 한 후 읽은 내용을 말해 보세요. 말을 하려면 먼저 생각을 해야 합니다. 상대방이 이해할 수 있도록 이야기를 해야 하는데 어찌 생각을 하지 않을 수 있을까요. 말하기는 읽은 내용을 머릿속에 다시 떠올려서 스스로 정리를 하도록 도와줍니다.

"이 글의 주제는 ○○○이야. 이 사람은 이렇게 말하고 있어." 이 정도만 말해도, 글의 내용을 꽤 잘 정리한 겁니다. 학교에서 한다면 팀을 짜서 발표를 해보고, 집에 한다면 부모님 앞에서 또는 거울 앞에 서서 말해보세요. 혼잣말로 연습을 해도 좋습니다.

③ 정리한 내용을 써 본다

끝으로, 정리한 내용을 요약해서 씁니다. 펜 혹은 컴퓨터가 필요하겠지요. 되도록이면 직접 종이에 써 보세요. 글쓰기는 한 자 한 자 손으로 써 보면 생각을 더 잘 정리할 수 있어요. 앞서 메모를 하고 말을 하면서 글의 내용을 어느 정도 정리해 두었기 때문에 요약하여 쓰기는 이제 훨씬 쉬울 거예요. 아무리 긴 글이라도 한 문장으로 줄일 수 있어요. 그러기 위해서는 핵심을 정확하게 끄집어낼 수 있어야겠지요. 그 훈련 과정은 평균 6개월 정도 걸립니다. 누구나 할 수 있는 아주 쉬운 방법이죠.

학교 숙제로 제출하는 독후감처럼 꼭 글을 써야할 때가 있어요. 몇 백 자 이하로 쓰라고 분량을 제한하면 부담이 생기겠지만, 요약하기 연습을 꾸준히 하다 보면 원하는 만큼의 글을 자유자재로 쓸 수 있게 됩니다.

육하원칙으로
핵심 문장 정리하기

어떤 상황을 글로 설명할 때 필요한 6가지 요소, 이름하여 '육하원칙'입니다. 아무리 복잡한 내용이라도 이 원칙만 적용하면 논리적으로 정리할 수 있는 글쓰기의 기본 원칙입니다.

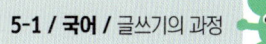

5-1 / 국어 / 글쓰기의 과정

언어를 배우기 위해서는 세 가지 방법을 사용합니다. 읽기, 쓰기, 말하기입니다. 읽기는 재미있는 소설부터 읽으면 누구나 할 수 있는데, 쓰기는 의외로 간단치가 않죠. 생각을 정리해야 하기 때문입니다. 생각을 정리하는 좋은 방법이 없을까요.

육하원칙을 써 보세요. '언제, 어디서, 누가, 무엇을, 어떻게, 왜' 여섯 가지 질문으로 생각을 정리하는 방법입니다. 읽을 때도 육하원칙을 떠올리면서 글을 읽어나가다 보면 문장의 핵심을 찾는 데 어려움이 줄어들 거예요.

 육하원칙에 대해 간단히 짚어보겠습니다. 육하원칙은 어떤 상황을 글로 설명할 때 필요한 6가지 요소입니다. 누가(who), 언제(when), 어디서(where), 무엇을(what), 어떻게(how), 왜(why)입니다. 영어로는 각 단어의 머리글자를 따서 5W1H라고 하지요. 육하원칙에 맞춰 정리하는 습관을 들이면 문제 상황을 빠르게 분석하고 결론을 내릴 수 있습니다.
 육하원칙은 사실적 글쓰기가 기본인 뉴스의 필수 요소이자, 모든 논리적 글쓰기의 기본 법칙입니다. 학생들의 경우, 독후감을 쓸 때 등장인물과 주요 사건에 대해 설명하거나 줄거리를 요약하려면 육하원칙이 꼭 필요하지요.

〈예시〉
도빵이는 어제 수업이 끝나고 친구들과 운동장에서 축구를 했다. 내일 열리는 축구대회에서 꼭 이기고 싶어서였다. 축구 연습을 마치고 집으로 돌아간 도빵이는 저녁을 먹고 일찍 골아 떨어졌다. 낮에 운동장에서 땀을 뻘뻘 흘리며 공을 쫓아 뛰어다닌 덕분이다.

위의 문장을 읽고 아래 육하원칙에 맞춰서 답을 해보세요.

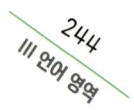

~~~~~~~~~~~~~~~~~~~~~~~~~~~~~~~~~~~~~ (언제)

~~~~~~~~~~~~~~~~~~~~~~~~~~~~~~~~~~~~~ (어디서)

~~~~~~~~~~~~~~~~~~~~~~~~~~~~~~~~~~~~~ (누가)

~~~~~~~~~~~~~~~~~~~~~~~~~~~~~~~~~~~~~ (무엇을)

~~~~~~~~~~~~~~~~~~~~~~~~~~~~~~~~~~~~~ (어떻게)

~~~~~~~~~~~~~~~~~~~~~~~~~~~~~~~~~~~~~ (왜)

육하원칙을 기억하며 문장을 쓰는 데 어느 정도 익숙해지면 여섯 가지 요소 중 한두 가지만으로도 충분히 글을 쓸 수 있습니다.

이것마저 알려주마!

육하원칙, 누가 처음 썼을까요?

육하원칙의 연원은 아주 오래됐습니다. 고대 그리스의 수사학자 헤르마고라스가 '누가, 무엇을, 언제, 어디서, 왜, 어떤 방식으로, 무슨 수단으로' 등 7가지 논리적 수사 방법을 제시한 것을 그 시작으로 볼 수 있어요. 16세기에는 영국의 외교관이자 법률가인 토머스 윌슨이 영어 수사학을 정리하여 《수사학의 기술(The Arte of Rhetorique)》이라는 책을 쓰기도 했지요.

지금 우리에게 익숙한 육하원칙은 노벨문학상 수상 작가인 영국의 조지프 키플링이 쓴 동화 《코끼리 아이(The Elephant's Child)》의 내용에서 유래되었어요.

I keep six honest serving-men : (They taught me all I knew) Their names are What and Where and When And how and Why and Who. I send them over land and sea, I send them east and west; But after they have worked for me, I give them all a rest.
나에게는 여섯 명의 성실한 하인이 있지 : (내가 아는 모든 것은 그들에게서 배운 거지) 그들의 이름은 무엇, 어디서, 언제, 어떻게, 왜, 누구야. 나는 그들을 땅과 바다로 보내지. 나는 그들을 동쪽과 서쪽으로 보내지. 하지만 그들이 나를 위한 일을 마친 후에 나는 그들에게 휴식을 주지.

키플링이 남긴 이 글은 '작가라면 몇 가지 W로 시작하는 질문에 답을 할 수 있어야 한다'는 의미를 담고 있습니다. 그는 작가가 '무슨 일이 벌어졌나, 언제 벌어졌나, 왜 그 일이 벌어졌나, 어떻게 벌어졌나, 어디서 벌어졌나, 누가 얽혀있나' 같은 궁금증을 명쾌하게 풀어 주어야 한다고 생각했지요. 참고로 키플링은 인도 뭄바이에서 태어나 영국에서 대학을 마치고 인도와 영국을 오가며 작가로 활동했습니다. 키플링의 대표작으로 《정글북(The Jungle Book)》이 있습니다.

내 마음을 전합니다

편지는 안부와 소식을 적어 보내는 글입니다.
요즈음은 스마트폰으로 보내는 메시지가 편지를 대신하고 있습니다.
옛사람들이 쓴 편지와 지금 우리가 사용하는
스마트폰 메시지는 어떻게 다를까요.

6-1 / 국어 / 마음을 나누는 글을 써요

여러분은 하루에 문자를 얼마나 받나요. 부모님, 학교 친구들, 때로는 선생님까지 많은 사람들과 문자를 주고받지요. 문자에는 상대방에게 전하려는 의견이나 생각이 담겨있습니다. 때로는 중요한 전달 사항이 도착하기도 하지요. 그래서 메시지라고도 합니다.

여기서 한 가지 짚고 넘어가 볼까요. 여러분은 문자를 받고 감동한 적이 있나요? 기억을 더듬어 봐도 감동적인

메시지 (MESSAGE)
주장이나 경고를 담아 보내는 말, 안부

문자를 받은 기억은 아마 손에 꼽힐 정도에 불과할 거예요. 스마트폰 덕분에 정보를 빠르게 전달할 수 있는 오늘날, 우리는 왜 소중한 사람들이 보내는 문자를 받고도 시큰둥하게 반응을 하는 것일까요.

컴퓨터를 비롯해 스마트폰, 태블릿 PC 등 디지털 장비를 이용해서 보내는 메시지를 인스턴트 메시지라고 합니다. 라면, 통조림 등 간편하게 빨리 먹을 수 있는 반조리 식품을 인스턴트 식품이라고 하지요. 인스턴트에는 편리함과 신속함이라는 의미가 담겨있어요. 빠르고 편리하다는 장점이 있지만, 너무 흔한 일이 되어버리면 사람들의 감각은 무뎌집니다. 엄마의 따뜻한 마음이 담긴 문자에도 시큰둥해지는 이유이기도 하지요. 인스턴트 메시지의 홍수에 휩싸이다 보니 마음을 전하는 일에 서툴러지기도 합니다.

편지지에 꾹꾹 눌러쓴 마음

옛사람들은 어떻게 마음을 전했을까요. 편지를 썼습니다. 물론 요즘도 편지를 쓰기는 하지만 예전보다는 드문 일이 되었어요. 편지를 써 본 사람은 알 거예요. 편지지를 고르고 펜으로 편지를 쓰는 내내 상대방을 생각하게 된다는 사실을 말이에요.

지금으로부터 600여 년 전 조선 시대 사람들이 남긴 편지글이 여전히 감동을 주고 있습니다. 왕이 신하에게 보내는 편지, 남편이 아내에게 쓴 편지, 부모가 자녀에게 쓴 편지 등 다양합니다. 아버지가 자녀에게 보낸 편

지를 한 편 소개하겠습니다.

만백성에게 혜택을 주어야겠다는 생각과 만물을 자라게 해야겠다는 뜻을 가진 뒤에야만 바야흐로 참다운 독서 한 군자라고 할 수 있다. (중략) 최근 수십 년 이래로 괴의한 논의가 벌어지고 있다는데, 우리 문학을 아주 멀리하고 있다고 하는구나. 여러 가지 우리나라의 옛 문헌이나 문집에는 눈도 주지 않으려고 하니 이야말로 병든 것이 아니고 무엇이겠느냐. 사대부 자제들이 우리나라의 옛일을 알지 못하고 선배들이 의논했던 것을 읽지 않는다면 비록 그 학문이 고금을 꿰뚫고 있다고 해도 그저 엉터리가 될 뿐이다.

(중간 생략)

요즘 사대부 집안에서 부녀자들이 부엌에 들어가지 않는 것이 예사가 된 지 오래다. 네가 한번 생각해 보아라. 부엌에 들어간들 무엇이 그리 손해가 되겠는가? 다만 잠깐 연기를 쏘일 뿐이다. 너희 형제는 새벽이나 늦은 밤에 방이 차가운지 따뜻한지 항상 살피고, 요 밑에 손을 넣어보고 차면 항상 따뜻하게 몸소 불을 때드리되 이런 일은 종들에게 시키지 않도록 해라.

-유배지에서 보낸 편지 중에서

조선 시대를 대표하는 실학자 다산 정약용이 1802년 12월 22일, 지금

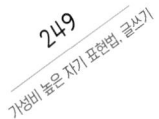

의 전라남도 강진에서 귀양살이를 할 때 아들에게 보낸 편지의 일부입니다. 공부를 왜 해야 하는지 그리고 올바르게 공부하려면 어떻게 해야 하는지 등 멀리 떨어져 있는 자식들이 혹여 아버지 없이 자라 무례한 사람으로 커갈 것을 걱정하는 마음이 그대로 전해집니다. 공부를 하지 않거나 자신만 알고 주위 사람들을 보살피는 데 게을리 해서는 안 된다는 가르침이 담겨있습니다.

공부를 할 때 뜻을 세워야 한다는 이야기로 시작해서 남자라고 부엌에 들어가는 일을 부끄러이 생각하지 말아야 한다면서 소소한 일상의 일까지 챙기고 있습니다. 아버지의 따뜻하고 섬세한 마음이 느껴집니다.

요즈음 부모님이 보내는 인스턴트 메시지에도 이런 생각을 전하고 있다는 생각이 들지 않나요? 여러분도 친구에게 혹은 부모님께 편지 한 번 써

보는 건 어떨까요. 편지는 마음을 전하는 도구입니다. 예쁜 편지지에 내 마음을 담아보세요.

그런데, 편지 쓰기에도 예절이 있습니다. 상대방이 누구인지에 따라 써야 할 단어를 구분해야 하며, 문법도 조금은 신경을 써야겠죠. 빠져서는 안 될 몇 가지 구성요소가 있어요. 받는 사람, 인사말, 목적, 용건, 작별인사, 날짜입니다.

선생님께 보내는 편지라고 생각하고 편지를 한번 구성해 볼까요.

○○○ 선생님께
안녕하세요 선생님.
처음 선생님께 편지를 보냅니다. 서먹서먹하지만 한번 써 내려가 보겠습니다.(등등)

(-용건)

늘 건강하시기를 기원합니다.
그럼 안녕히 계십시오.

2019년 ○월 ○일
○○○ 올림

편지는 공손해야 합니다. 지루한 표현처럼 보이지만, 세대가 다른 윗사람에게 편지를 쓴다면 그 사람의 눈높이에 맞는 언어를 쓰는 게 상식이지요. 친구들에게 보내는 편지도 마찬가지입니다. 평소 "야" "너"라고 편하게 부르는 친구에게도 편지로 글을 쓸 때에는 "○○○에게" "잘 지내니" 등 격식을 갖춰서 보내야 한답니다. 언어는 사용하는 사람의 품격을 말해 주기 때문이지요.

이 연사 이렇게 외칩니다

연설문은 귀로 듣는 글입니다. 청중을 설득하기 위해
쓰는 연설문은 간결하게 전하려는 메시지를 반복해야 합니다.
귀에 꽂히는 글, 연설문을 써 봅시다.

6-2 / 국어 / 효과적인 관용표현

"여러분 우리에게 당장 필요한 것이 무엇이겠습니까? 두말할 것도 없이 그것은 힘, 힘입니다. 그러면 힘이란 도대체 무엇입니까? 정의와 도덕을 지킬 줄 아는 국민, 많이 배워서 지식이 풍부한 국민이 되는 것이 바로 힘입니다. 나라의 힘이라면 보통 나라가 넉넉하고 군대가 강하다는 것을 의미하는데, 왜 인격의 힘을 말합니까?

진정한 인격의 바탕이 없으면 모든 행동이 그릇돼서 도덕적으로 썩어빠진 민족이 됩니다. 그리되면 풍부한 경제력도 강한 군사력도 기대할 수 없습니다.

도덕의 근본은 무엇입니까? 참 진실입니다.

참이란 무엇입니까? 거짓 없는 순수한 양심입니다.

우리 민족은 이제 모든 거짓에서 벗어나 참으로 단합해야 합니다. 거짓이 많으면 나라도 망하고 개인도 망합니다. 지금이야말로 우리 모두가 진실한 삶으로 돌아가야 할 때입니다."

1898년 7월 25일 평양 대동강 근처 쾌재정 앞에서 독립협회가 주관한 만민공동회가 열렸습니다. 위 글은 만 스물도 안 된 청년이 구름떼같이 모인 사람들을 감동시킨 연설의 한 대목입니다. 청년은 도산 안창호 선생입니다. 이날의 연설을 계기로 청년 안창호는 일약 스타가 되었죠. 그는 교육을 통해 민족지도자 양성에 힘쓰고 이후 독립운동의 구심점이 되었습니다.

만민공동회 (萬民共同會)
독립협회가 1897년 초 처음 개최한 시민 대토론회이자 시민운동이다. 독립협회의 영향력이 커지면서 1898년 4월을 기점으로 독자적인 민중대회로 성장하게 되었다.

이처럼 연설문은 사람들 앞에서 자신의 주장을 펼쳐나가기 위해 준비하는 글입니다. 그래서 연설문은 눈으로 읽는 글보다 귀에 쏙 들어와야 합니다. 쉽고 정확하고 간결하게 써야겠지요. 또한 연설문은 청중을 감동시키고 설득하는 글이기도 합니다. 논리적으로 쓰면서 동시에 사람들의 마음을 움직여야 합니다.

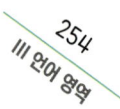

'쉽게, 더 쉽게' 청중을 감동시키자

연설문은 어떻게 써야 할까요? 글의 시작 부분은 무엇보다도 듣는 이의 관심을 사로잡을 수 있는 이야기로 시작해야 합니다. 이를테면 누구나 겪는 일상의 작은 소재를 찾아 이야기하듯이 쓸 수 있습니다. 청중에게 주의를 환기시키는 말로 "제 말 한번 들어 보세요"라는 말로 시작해도 됩니다.

사람들의 관심을 끌어냈다면 그 다음은 자신의 주장을 간결한 문장으로 펼쳐내야 합니다. 이 문장을 특히 잘 써야 합니다. 누구나 금방 알아들을 수 있도록 쉬운 단어로 간결하고 정확하게 써야 합니다. 당연히 문장은 너무 길면 안 되겠지요.

마지막으로 청중의 동참을 이끌어내야 합니다. 연설문의 목적은 청중이 연설에 감동하여 함께 행동하는 데 있습니다. 이 모든 주장과 설득은 간결하고 힘 있는 문장으로 제시되어야 합니다.

연설문은 특히 어떤 글보다 더 쉽게 써야 합니다. 청중이 전문가들이라도 그렇습니다. 읽는 글이 아니기 때문입니다. 눈으로 정보를 읽어 뇌에 전달하는 '읽기' 과정과 달리, '듣기'는 공기를 가로지른 소리가 상대의 귀를 자극하여 뇌에 정보를 전달합니다. 그러니 연설문을 쓸 때는 쉽고 정확한 단어를 골라 써야 합니다. 소리 내어 읽었을 때 발음하기 어려운 단어나 들었을 때 특정 단어와 발음이 비슷해서 헷갈리기 쉬운 단어는 되도록 사용하지 않는 것이 좋습니다.

문장을 쓸 때는 너무 길게 쓰지 않도록 주의합니다. 상대방이 들어서 이해하거나 기억하기 좋을 정도의 길이여야 합니다. 연설의 핵심 주장이 담긴 문장은 짧을수록 좋아요. 핵심 주장을 담은 문장은 글 전체에서 적절한 위치를 찾아서 여러 번 반복해 씁니다. 연설이 끝났을 때 청중이 그 문장의 내용을 기억하거나 통째로 암기할 수 있어야 합니다.

연설문 쓰기의 3단계 구성

연설문도 크게 세 부분으로 나누어 씁니다. 도입(시작), 핵심(주제, 알맹이), 결론(맺음)이 그것입니다.

도입부에서는 청중의 시선을 끄는 데 집중해야 합니다. 자신을 소개하고 연설을 하게 된 계기를 첫 문장에 올리는 것이 가장 기본적인 방식입니다. 그런 다음 핵심부에서 전하고자 하는 내용의 논점과 주제를 간결하고 명확하게 예고합니다. 그러면 뒤따라 오는 핵심부와 자연스럽게 연결이 되겠지요.

핵심부에서는 현 상황과 문제점(또는 주제)을 설명하고 개선 방법을 제시합니다. 문제점이나 개선 방법을 정확하게 전달하고자 할 때는 보통 숫자를 씁니다. 예를 들면 "제가 전교 회장에 출마하게 된 이유를 세 가지로 말씀드리겠습니다. 첫째, ~하기 때문입니다. 둘째, ~할 수 있습니다. 셋째, ~하겠습니다"처럼 말이죠.

한자리에서 듣기를 통해 정보를 습득하는 데는 한계가 있습니다. 따라

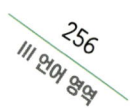

서 중요한 내용을 세 가지 정도로 압축해 제시하고 추가 설명을 하는 것이 좋습니다. 추가로 설명을 할 때는 정확한 근거를 제시하거나 실제 사례, 자신의 경험을 소개합니다. 도산 안창호는 물론 김대중 대통령, 스티브 잡스, 버락 오바마 등 유명 연설가들도 자신의 경험담을 효과적으로 인용하여 친근하면서도 호소력 있게 메시지를 전달했습니다.

결론에서는 청중에게 함께 문제를 해결해 나가자고 적극적으로 권유합니다. 함께 행동하지 않으면 안 될 것 같은 강한 어조로 핵심 주장과 함께 근거를 제시합니다. 대체로 '이렇게 하면 잘 될 것이다'하는 희망적이고 미래 지향적인 메시지를 담아서 주장하거나 '~한 이유로 함께해 나가야 한다'며 마땅히 해야 할 일이라고 강조합니다.

그리고 글 전체에서 핵심 주장을 여러 번 강조해서 말해야 합니다. 도산 안창호의 연설에서도 '힘'이라는 단어를 반복하면서 '함께 힘을 키워나가자'고 강조하고 있습니다.

정리하면 연설문의 도입, 핵심, 결론에서는 다음과 같은 내용을 다룹니다.

도입(시작)
- 듣는 이의 관심과 눈길을 끄는 이야기로 시작한다.
- 생활 속 사소한 에피소드를 풀어낸다.

- 주제에 관련된 질문을 듣는 이에게 던진다.

핵심(주제, 알맹이)
- 주장하고자 하는 문제점과 해결 방안을 설명하면서 설득한다.
- 중요한 내용은 반복한다.

결론(맺음)
- 청중을 향해 함께 행동하자고 요구한다.
- 행동의 변화를 이끌어내기 위해 긍정적이고 희망적인 단어를 사용한다.

다 쓴 후 소리 내 읽어보고 어색한 부분이 있다면 고치세요. 연설문은 말하기 위해 쓴 글이니 고치는 방법도 눈 대신 입으로 확인해야 합니다.

실전! 연설문 쓰기

연설문을 쓰다 보면 나를 둘러싼 사회를 한 번 더 돌아보게 되고 현재 우리 사회에서 벌어지고 있는 문제점을 개선하기 위해 노력해야 한다는 사회 참여적인 자세를 배우게 됩니다. 그 과정에서 사람들과 협력해야 문제 상황을 개선할 수 있다는 사실도 깨닫게 됩니다.

자 그럼 청소년이 쓴 연설문이자 세계적인 명연설의 한 대목을 읽어볼까요.

스웨덴 청소년 환경 운동가 그레타 툰베리가 지난 2019년 9월 23일 뉴욕에서 열린 '기후행동 정상회의'에서 한 연설입니다.

〈예시〉 그레타 툰베리의 유엔 기후행동 정상회의 연설

이건 아니라고 생각합니다.

제가 여기 있으면 안 됩니다.

저는 학교를 다니고 있어야 합니다.

대서양 건너 반대편에 있는 우리나라에서 말이죠.

어른들은 희망을 기대하며 젊은 우리를 만나러 이곳에 왔습니다.

어떻게 감히 그럴 수 있나요?

어른들은 공허한 말잔치로 내 꿈과 어린 시절을 훔쳐갔습니다.

사람들이 고통에 신음하고 있습니다.

사람들이 죽어가고 있습니다.

생태계 전체가 붕괴되고 있기 때문입니다.

우리는 지구생태계 멸종의 시작점에 서 있습니다.

그런데 어른들은 돈과 경제 성장만 강조하고 있습니다.

어떻게 감히 그럴 수 있나요?

지난 30년여 년간 과학적인 근거는 정확했습니다.

그런데 왜 계속 외면하고 있나요?
어떻게 어른들은 아직도 괜찮다고 말하고 있나요.
해결책은 아직 찾아볼 수 없는데 말이죠.

어른들은 젊은 세대의 절박함을 이해한다고 말을 합니다.
그러나 나는 그것을 믿지 않습니다.
어른들이 정말로 현 상황을 이해하고도 아무런 행동을 하지 않는다면, 어른들은 악마와 다를 바 없기 때문입니다.

- 중간 생략 -

어른들은 수천억 톤의 이산화탄소를 제거해야 할 의무와 책임을 우리 세대로 떠넘기고 있습니다. 어떻게 감히 그럴 수 있나요?
이처럼 심각한 일이 몇 가지 기술로 해결될 수 있다고 생각하는 것입니까?
여러분은 우리를 실망시키고 있습니다. 젊은 세대는 어른들이 우리를 배신하고 있다는 사실을 알게 되었습니다. 미래 세대의 눈이 어른들에게 쏠려 있습니다.
어른들이 우리를 실망시키려 한다면, 저는 당당히 말하겠습니다.
우리는 결코 어른들을 용서하지 않을 것이라고. 우리는 어른들이 책임져야 한다고 생각합니다.

좋든 싫든 거대한 변화가 오고 있습니다.

감사합니다.

실제 연설문 내용을 읽기 쉽게 재구성해 보았습니다.

툰베리는 지구온난화의 심각함을 호소하는 과정에서 어른들에게 잘못이 있다는 점을 강조합니다. 청년 세대가 살아가야 할 미래가 암담하다는 것이죠. 그리고 더 이상 이대로 지구를 내버려둬서는 안 된다고 강조합니다. 세상의 변화를 함께 이끌어가자고 호소하고 있어요.

이제 여러분 차례입니다. 반장 선거 혹은 전교회장 선거를 준비한다고 상상하고 친구들 앞에서 자신이 왜 반장 혹은 회장이 되려고 하는지에 대해 솔직하게 설명해보세요. 우선 학반 혹은 학교 내에 어떠한 문제가 있는지, 친구들이 무엇을 원하는지를 조사한 다음, 그 문제를 어떻게 해결해 나갈지에 대해 글로 옮겨봅시다.

3
읽기는 공부의 기본

집중력을 키우는 데 독서만큼 좋은 게 없다

이야기는 재미있습니다. 듣다 보면 빠져들게 되지요. 빠져들면 나도 모르게 상상의 나래를 펼치게 됩니다. 이야기에 집중하다 보면 나만의 상상력이 커지니까요. 책을 읽을 때에도 비슷한 경험을 합니다. 독서가 습관이 되면 공부할 때 집중하게 되고, 나만의 방식으로 내용을 해석하고 받아들이는 힘이 커집니다.

6-1 / 국어 / 책을 읽고 생각을 넓혀요

'공부를 잘 하려면 독서를 해야 한다' '사고력, 어휘력, 표현력을 키워야 자기주도학습 효과가 커진다' 등 독서의 효능을 강조하는 주장이 꾸준히 나오고 있습니다. 그러다 보니 초등학교에서 독서 활동을 중요하게 생각하고 다양한 프로그램을 운영하지요. 등교하자마자 책을 읽는 학교가 있는가 하면, 토론을 하는 학교도 있어요. 수업 시간에도 뺏어읽기, 이어읽기 등 아이들의 흥미를 이끌어내기 위해 선생님들은 다양한 방법을 시도하고 있습니다.

하지만 재미있는 콘텐츠로 넘쳐나는 스마트폰을 아이들에게서 떼어놓기가 쉽지 않아요. 무조건 책을 읽으라고 하면 오히려 책을 싫어하게 됩니다. 어떻게 해야 아이들이 자연스럽게 책을 읽게 될까요.

책이 재미있어지려면

책을 읽을 때 내용에 집중하지 못하는 이유를 크게 세 가지로 나누면 마음이 불안할 때, 책이 재미가 없을 때, 내용이 어려워서 이해하지 못할 때 등입니다. 첫 번째 불안한 마음은 여러 가지 원인으로 생기게 됩니다. 이를테면 숙제를 덜했거나, 친구와 나가 놀아야 하거나, 게임을 하고 싶거나 등등 수없이 많지요. 두 번째, 재미없는 책의 경우입니다. 재미의 기준은 사람마다 달라요. 어떤 사람은 동물과 환경을 다룬 책이 재미있고, 어떤 사람은 우주의 탄생이 흥미롭고, 어떤 사람은 소설과 같은 이야기가 재미있다고 하지요. 세 번째, 내용이 어렵다고 느끼는 것은 자신의 수준에 맞지 않는 책을 읽을 때이지요.

아이들이 자연스럽게 독서에 몰입할 수 있도록 하려면 먼저 좋아하는 주제의 책을 골라 주어야 합니다. 저마다 생각이 다르고 취향도 다르니까요. 실제 아이들은 책 읽기를 싫어하기 보다는 내용이 재미없다고 하는 아이들이 많습니다. 자신이 좋아하는 이야기를 찾지 못해서지요.

편식이 몸에 나쁘다고 하지요. 그래서 책도 다양한 주제의 내용을 골고

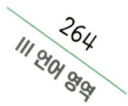

루 읽어야 한다고 생각합니다. 하지만 독서 습관을 기르는 초보자에게 이 말은 해당되지는 않습니다. 처음에는 개인별로 재미있는 주제를 골라 읽는 것이 좋습니다. 각자 재미있는 혹은 흥미로운 주제가 무엇인지 알고 난 다음 관련 주제를 다룬 책을 읽어 보면 좋아하는 저자를 찾게 됩니다. 그다음은 좋아하는 저자의 작품을 하나씩 읽어가면서 독서에 빠져들게 해야 합니다. 여기서 그치지 않고 주제를 확장하고 저자도 확대해 나가는 것이지요. 비슷한 내용과 주제를 다루는 책을 골라 읽으면서 독서가 습관이 되게 해야 합니다.

'재미있는 책만 읽어서 어떻게 하나'라는 걱정이 들 수 있습니다. 하지만 디지털 영상 시대에 글자가 대부분인 책을 차분히 읽으며 내용에 빠져 들어가려면 일단 내용이 재미있거나, 주제가 흥미로워야 합니다.

재미와 흥미 중심으로 책을 골라 읽으면서 습관을 들인 다음 자연스럽게 다른 분야로 주제를 확장해 나가면 됩니다. 이처럼 관심 분야가 생기면 독서에 대한 흥미를 넘어 지적 호기심과 탐구심이 커지게 되지요. 그 과정에서 어휘력, 문장력, 독해력 등이 자연스럽게 길러집니다.

예를 하나 들어볼까요. 판타지 소설로 아이들의 흥미를 이끌어낼 수도 있습니다. 독서 전문가들이 쓰는 방법입니다.

《오즈의 마법사》《반지의 제왕》《나니아 연대기》《해리포터》등, 상상의 세계에서 벌어지는 허구의 이야기가 전개되는 판타지 소설은 오랜 세월 독자들의 흥미를 불러일으키지요. 그 이유는 무엇일까요. 이야기가 재미있기 때문입니다.

깡통로봇과 허수아비가 소녀 도로시와 함께 오즈 대륙에서 펼치는 모험을 그린 오즈의 마법사, 절대 반지를 찾아 선과 악이 대결하는 반지의 제왕, 나니아라는 나라에서 벌어지는 어린이와 동물의 탐험기, 이모집에서 눈칫밥 얻어먹으며 얹혀살던 11살 소년이 마법 학교를 거쳐 세상의 악과 맞선다는 해리포터 등 재미있는 이야기 대부분은 현실 세계와는 동떨어져 있지요. 하지만 어려운 순간을 극복해 나가는 주인공에게 빠져들기에 아주 좋아요. 주인공과 내가 하나가 되기 쉽습니다.

판타지 소설은 등장인물과 배경이 현실과 동떨어져 있지만, 실제 전하고자 하는 주제는 현실적이지요. 나쁜 사람은 벌주고 착한 사람은 상을 주며 결말에 이르게 되니까요. 나쁜 악당을 물리치는 이야기는 지구인이라면 보편적으로 가지고 있는 가치관을 담고 있습니다. 정의, 도전, 용기, 믿음 등 사람들의 희망과 기대를 충족시켜주지요. 또 위기를 겪지만 포기하지 않고 헤쳐나가는 주인공의 모험은 읽는 내내 긴장과 흥분을 느끼게 합니다. 용감한 주인공이 비겁한 악당을 물리치고 행복에 이르는 결말에 이르면, 독자들은 희망과 안도감을 얻게 됩니다.

판타지 소설은 독서에 흥미를 느끼지 못하는 학생들에게 좋은 추천도서가 될 수 있습니다. 주인공이 어린이인 경우도 많으니까요. 주인공이 겪는 모험과 위기를 극복하는 과정이 자신의 일처럼 느껴진답니다. 특히 재미있는 이야기를 따라가다 보면 어느새 다 읽어버린 자신의 모습을 발견하게 되지요. 이 과정에서 스스로 책 한 권을 다 읽었다는 성취감을 맛보게 됩니다.

물론 판타지 소설 외에 과학에 관심이 많은 아이라면 그 분야의 책을 집중적으로 골라 읽을 수 있도록 하면 됩니다. 점차 독서의 영역을 확장시키면 되니까요.

독서는
뇌를 활성화시키는
최고의 비법

대부분의 사람들은 똑똑해지고 싶어 합니다. 똑똑하다는 말에는 뇌가 잘 돌아간다는 의미가 포함되어 있지요. 그렇다면 뇌는 어떻게 작동하는 걸까요. 어떻게 하면 뇌가 잘 돌아가게 할 수 있을까요. 그 비밀은 독서에 있습니다. 뇌의 여러 부위를 한꺼번에 움직이는 독서의 비밀을 알려드리겠습니다.

6-1 / 국어 / 내용을 추론해요

　뇌는 인체의 신비 중에서 풀리지 않는 수수께끼 같은 영역입니다. 동양 의학에서는 사람의 몸을 오장육부로 나누는데요. 뇌는 오장육부에 속하지 않아요. 왜 그럴까요. 뇌를 절대적인 혹은 영적인 영역으로 간주했기 때문입니다.

　뇌과학이 발달하기 시작한 시기는 20세기 이후입니다. 처음으로 뇌를 영상 촬영하는 기술이 개발된 이후지요. 컴퓨터 단층촬영, 자기공명영상 등의 기술로 뇌를 연구해 보니 뇌가 지성과 감성을 모두 알아채고 명령을 내린다는 사실을 확인하게 되었습니다.

- 전두엽 | 기억력과 사고력
- 두정엽 | 촉각과 운동중추
- 후두엽 | 시각정보 처리
- 측두엽 | 청각과 후각

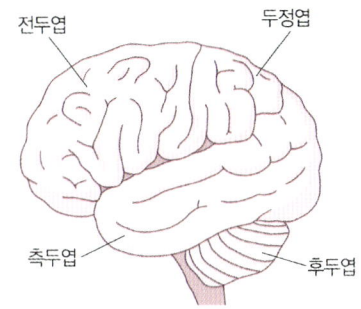

[뇌의 영역별 역할]

뇌는 각 부위별로 역할이 달라요. 책을 읽어야 하나 말아야 하나를 이야기 하면서 뜬금없이 왜 뇌를 놓고 설명할까 궁금하지요?

독서는 언어를 이해하는 과정입니다. 눈으로 책을 읽는다고 착각할 수 있지만, 사실 책의 내용은 뇌가 이해하지요. 눈으로 들어온 신호가 뇌로 들어가 정보를 분석하고 지식으로 다시 활용할 수 있도록 해준답니다.

뇌는 어떻게 구분이 되어 있을까요

얼굴을 중심으로 이마 부위에 있는 전두엽은 기억력과 사고력에 관련되어 있어요. 책을 읽는 동안 줄거리를 기억하거나 또는 새롭게 알게 된 지식을 정리하고 생각하는 곳이지요. 관자놀이 주위에는 측두엽이 있는데요, 이곳은 청각과 후각 신호를 처리하는 부위입니다. 소리를 듣고 냄새를 맡으면 측두엽에서 알아차리지요. '어디서 소리가 난다?' 혹은 '냄새가 난다?'라고 느끼는 곳이 바로 측두엽입니다. 정수리 뒤쪽 부분은 두정엽이라고 하는데, 이곳은 촉각과 운동감각에 관련된 부위입니다. 사람이 움직이고 뭔가 건드릴 때 혹은 누가 나를 만질 때 느끼는 감각에 관련되어 있다고 볼 수 있어요.

마지막으로 한 군데만 더 알려줄게요. 뒤통수에 있는 후두엽입니다. 이곳은 외부에서 눈으로 들어오는 시각정보를 처리하는 곳입니다. 눈과 연결된 뇌의 부위라고 할 수 있지요.

뇌의 각 부위는 골고루 활동할 수 있도록 해야 합니다. 그런데 사이버 공간에서 지내는 시간이 길어질수록 인간의 뇌는 일부만 활동을 하게 됩니다. 전체적으로 뇌에 자극이 가지 않는 경우가 많아요. 그렇게 되면 한쪽으로 생각이 쏠려서 합리적인 판단을 하지 못하거나, 뇌의 기능에 문제가 생길 수도 있어요.

실험 결과를 함께 볼까요. 게임을 하는 뇌와 책을 읽는 뇌를 각각 촬영한 영상자료입니다.

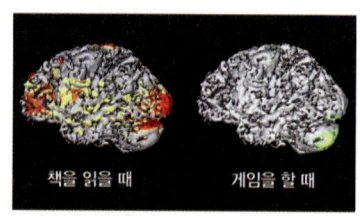

책을 읽을 때 뇌 여러 곳이 활성화된다
(출처 : 권장희. 아이에게 스마트폰을 주지마라.
시사인 2013.5.31.)

게임을 할 때 뇌의 어떤 부위가 작동을 할까요. 제일 많이 움직이는 곳은 후두엽, 즉 시각정보를 처리하는 곳입니다. 그런데 책을 읽으면 전두엽과 후두엽이 골고루 자극이 되고 있다는 것을 알 수 있어요. 책을 한 장씩

넘기면서 글자를 읽는 동안 후두엽에서 시각정보를 처리하고, 읽은 내용을 되새겨보면서 생각을 정리하고 지식을 뽑아내 저장하지요. 즉, 게임을 하는 동안 뇌는 시각정보를 처리하는 데 바빠서 다른 생각을 할 겨를이 없어요. 반면에 책을 읽으면 줄거리 속으로 깊이 빠져들어 생각을 하게 됩니다. 이 과정에서 지식은 오롯이 내 것이 되지요.

가끔 게임을 할 때도 스스로 집중하고 있다고 생각할 수 있어요. 하지만 화면에 펼쳐지는 게임에는 시각정보가 너무 많아서 눈으로 정보를 받아들이기 바빠요. 그러다 보니 생각할 시간이 없는 것이죠.

게임을 할 때마다 자꾸 하고 싶은 이유가 무엇일까요. 뇌 속에서 재미를 부추기는 물질(신경전달물질)인 도파민이 나와서입니다. 도파민이 적당하게 나와야 하는데 게임을 하면 뇌에서 도파민을 너무 많이 내 보내게 되죠. 더 하라고 부추기는 겁니다.

위의 그림과 같이 독서는 반대입니다. 책을 읽는 동안 뇌의 여러 부위가 골고루 움

직이게 됩니다. 눈이나 손(시각장애인)으로 책속 글자를 읽으면 시각정보가 뇌에 전달되고 이것을 의미로 바꾸는 작용을 합니다. 시각정보를 처리하는 후두엽, 청각정보를 처리는 측두엽, 문법과 독해를 다루는 전두엽, 감각정보를 통합한 후 연결하는 두정엽, 책의 제목과 내용을 정리하는 편도체, 기억을 관장하는 해마 등 뇌의 많은 부위가 동시에 어울려서 활동을 하게 됩니다. 17개 이상의 뇌 영역이 동시에 마구 마구…. 마치 뇌의 각 부위가 조화를 이루며 오케스트라 연주를 하듯이 서로 신호를 주고받게 됩니다. 글자가 의미가 되고 의미가 이미지가 되는 과정입니다.

독서를 해야 하는 이유는 간단합니다. 책을 읽는 동안 뇌가 골고루 활발하게 움직이게 된다는 것. 그러니 똑똑한 사람이 되고 싶다면 책 읽는 습관을 들이면 된답니다.

속독은 독이다

책을 빨리 읽는 게 좋을까요, 정확하게 읽는 게 좋을까요?
여러분에게 맞는 정답은 '정확하게 읽기' 입니다. 책을 빨리 읽는 것을
속독이라고 하고 정확하게 읽는 것을 정독이라고 합니다.
정독을 해야 사고력과 상상력을 키울 수 있습니다.
무엇보다도 독서하는 습관을 기를 때에는 정독을 해야 합니다.

6-2 / 국어 / 생각과 논리

책 한 권을 다 읽었는데 돌아서면 내용이 생각나지 않는 경우가 있습니다. 왜 그럴까요. 독서를 하면 칭찬받는다는 생각에 무조건 눈을 책에 고정한 채 머릿속으로는 다른 생각을 한건 아닐까요.

아이가 성장하면서 자연스럽게 혼자 책을 읽기까지 여러 단계를 거쳐야 합니다. 12세 이전까지 아이들은 부모와 함께 책을 읽어야 합니다.

태어날 때 인간은 책을 읽을 수 있는 신경회로를 장착하고 있지 않습니다. 말하는 것은 누구에게 배우지 않아도 (장애가 없다면) 할 수 있지만 책

을 읽으려면 글자를 배워야 하고 또 문장 구성도 알아야 하지요. 독서를 위한 신경회로를 발달시켜 나가야 합니다. 물론 글자만 터득하면 어떤 책도 읽을 수 있게 됩니다. 하지만 부모가 아이들에게 책을 던져주면서 무조건 책을 읽으라고 하면 아이들은 책 읽는 습관 보다는 두려움을 먼저 갖게 됩니다. 특히 책을 많이 읽으면 좋다는 그릇된 생각에 권수를 늘리는 데 집중하게 됩니다.

읽을수록 똑똑해지는 우리의 뇌

사고력을 키우기 위해서는 첫 단락을 천천히 자세하게 읽어야 합니다. 등장인물이나 이야기 전개 과정 등을 이해하기 위해서지요. 만약 이 과정을 지나쳐 버린다면 뒤로 갈수록 무슨 이야기인지 알 수 없습니다.

엄마 아빠와 함께 큰 소리로 책을 읽으면서 아이들은 즐거워합니다. 책 내용을 자신의 이야기처럼 느끼게 되지요. 독서로 얻고자 하는 것은 상상력과 사고력이 발달되는 과정입니다. 어릴 때 정독을 하면서 이 과정을 키워나간다면 점차 성장하면서 읽게 되는 책의 내용이 어려워도 스스로 이해할 수 있는 힘이 길러집니다.

중고등학교에 진학하면 공부해야 할 과목이 많아지고 내용도 어려워지는데, 속독이 습관이 되버리면 뇌에서 체계적으로 지식을 저장하기 어렵습니다. 어릴 때부터 정독하는 습관을 들인 어린이라면 중고등학교에 들어가서 책을 읽어도 어려운 지식을 비교적 쉽게 이해할 수 있고 또 그 지식을 흡수하는 자세를 갖추게 됩니다. 그렇지 못한 경우에는 독해력이 떨어지게 되니 내용을 이해하기 어렵게 됩니다. 어려운 과목은 아예 공부하기를 포기하게 되지요.

책을 읽을수록 우리의 머리는 좋아집니다. 서양에서는 과학이 아직 발달하지 못했던 19세기 이전까지 사람의 뇌가 어린 시절에 모두 굳어져서 어른이 되면 더 이상 바뀌지 않는다고 믿었어요. 그래서 그 시절에는 공부 못하는 아이에게 "넌 태어날 때부터 머리가 나빴어"라고 하는 말이 통했어요. 하지만 19세기 말에 신경가소성이라는 개념이 처음 등장하였습니다. 신경가소성이란 인간 뇌의 뉴런(신경 세포)과 신경회로는 죽기 전까지 끊임없이 변하는 성질을 말합니다. 자라나면서 얻게 되는 경험에 따라 뇌가 스스로 재설계하고, 목표를 다시 설정할 수 있는 능력을 가지고 있다는 의미지요. 특히 뭔가를 배우면서 언어나 운동 기능을 터득하는 과정에서 뉴런 간에 뭔가 새로운 시도가 마구 일어나게 됩니다. 그래서 인지 능력이 무한대로 변하게 되는 거지요. 사람마다 좋아하는 분야가 다릅니다. 내가 좋아하는 것을 찾아서 끊임없이 공부한다면 뇌가 점점 더 좋아지게 된답니다.

가상 인터뷰

백성을 가르치는 바른 소리를 만들다. 세종대왕

세계 200여 개 나라 중 고유의 언어가 있는 나라는 28개국 정도입니다. 대한민국은 고유의 언어 한글을 쓰고 있습니다. 한글은 소리문자로 자음과 모음을 배울 수 있는 쉬운 언어로 평가받고 있습니다. 한글이라는 명칭은 한글학자 주시경 선생님이 만들었고, 원래 명칭은 훈민정음(訓民正音)입니다. 유네스코 기록유산이며 대한민국 국보입니다.

훈민정음을 창제한 사람은 조선의 네 번째 국왕이신 세종대왕(1397~1450)입니다. 집현전 학자들 중에는 반대하는 상소를 올리면서 훈민정음 창제를 막으려 한 사람도 있었습니다. 세종대왕은 왜 신하들의 반대를 무릅쓰고 훈민정음을 창제하였을까요. 궁금증을 풀기 위해 임금님을 만나보았습니다.

♥ **안녕하십니까 세종대왕님. 먼저 1분 자기소개부터 해주십시오.**
하하하 조선의 네 번째 왕이로소이다. 본명은 이휘이고 태종의 셋째 아들로 태어났지요. 맏형 양녕대군과 둘째 형 효령대군이 사정이 생겨서 내가 대신 왕이 되었습니다. 우여곡절 끝에 왕위에 올랐으니 백성들이 편안한 나라를 만들기 위해 늘 고민했지요. 그러다보니 과학 기술, 예술 그리고 문화, 국방 분야에서 여러 성과를 낼 수 있었어요. 물시계 자격루, 해시계 앙부일구, 천체관측기구 혼천의와 같은 발명품을 만들어 냈고, 훈민정음도 그때 만들었답니다. 반대하는 신하들 설득하느라 아주 혼났지요.

♥ 신하들이 왜 훈민정음 창제를 반대했나요? 반대를 무릅쓰고 훈민정음을 만들기로 결심한 이유가 궁금합니다.

선조들은 조선을 건국할 때 중국의 성리학을 통치이념으로 받아들였습니다. 또 오랜 세월 중국의 문화권 아래 있다 보니 큰 나라 중국을 섬기는 것이 당연하다고 받아들였어요. 우리의 글자를 만드는 것은 오랑캐가 하는 짓이나 다를 바 없다는 논리였지요. 하지만 나는 포기하지 않았어요. 신숙주, 성삼문, 정인지, 박팽년 등 집현전의 뛰어난 학자들과 함께 노력한 끝에 1443년 드디어 훈민정음을 완성하고 1446년에 공식 발표를 하게 되었지요. 짐이 훈민정음을 만든 이유는 모든 백성이 글자를 읽을 수 있도록 하기 위해서입니다. 배우고 익히는 데 시간이 오래 걸리는 한자와 달리 누구나 쉽게 쓸 수 있는 우리 고유의 글자를 만들 수 있다면, 우리말로 쓴 책이 많이 나올 수 있지 않겠어요. 쉽게 글자를 배운 백성들이 모두 똑똑해지고 많은 지식을 익히면 전문가로 성장하고 부자가 될 수 있다고 생

각했습니다. 그래서 백성을 가르치는 바른 소리라는 뜻으로 훈민정음이라고 부르게 되었지요.

♥ 훈민정음의 원리를 알려주십시오.

한글은 자음과 모음이 어우러져 만들어지는 글자입니다. 자음은 발음 기관의 모양을 본떠 만들었어요. 모음은 우주를 이루고 있는 하늘(천)과 땅(지)과 사람(인)에서 아이디어를 얻었지요. 원래 글자 수는 자음(닿소리) 17자에 모음(홀소리) 11자 모두 28자로 이루어졌는데 도중에 4자가 사라져 아마 지금은 24자만 쓰고 있을 겁니다. 훈민정음에는 철학적인 원리도 담았습니다. 우리 민족의 사상 밑바탕에 흐르는 음양오행 이론입니다. 모음에는 음양의 원리가 자음에는 오행의 원리를 담았지요.

♥ 그럼 훈민정음을 만들고 나서 발간한 책으로는 무엇이 있나요?

훈민정음을 완성할 즈음 책을 준비하고 있었지요. 용비어천가입니다. 훈민정음 창제를 선포한(1446년) 이듬해 간행하기 시작했어요. 한글로 엮어 만든 최초의 책이지요. 또 중국에서 건너온 《삼강행실도》를 훈민정음으로 번역했어요. 이후에 홍길동전, 춘향전과 같은 한글 소설이 발간되었지요. 훈민정음 선포 후에 일부 관리를 선발하기 위해 훈민정음으로 시험을 보기도 했지요. 내 생각이 옳았어요. 어렵게 훈민정음을 만들었는데 처음에는 아녀자들이나 쓰는 글자라면서 비판해서 내심 속상했지만, 50여 년이 지난 1500년대에는 평민들까지도 글자를 읽을 수 있을 정도가 되었으니 말이지요.

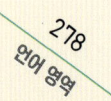

♥ **세종대왕님은 책 많이 읽기로 소문이 나있어요.
왜 그렇게 책을 많이 읽으셨나요?**

맞아요. 어릴 때부터 책을 많이 읽었지요. 아파서 누워있을 때에도 책을 읽는다고 태종께서 야단을 쳤어요. "과거 준비하는 선비도 아니고 임금이 어찌 이토록 고생스럽게 책을 읽는단 말이냐"하시면서. 하지만 책을 많이 읽어서 세상을 넓고 깊게 이해할 수 있게 되었지. 문학, 역사, 유학, 언어학, 음악, 천문학, 농학, 기계학, 수학, 중국어… 배울 게 참 많았어요. 공부의 즐거움에 그치지 않고 책에서 얻은 지식으로 부국강병을 만들기 위해 노력했지요. 하지만 책을 너무 많이 본 탓에 눈병이 나서 일 하기조차 힘든 지경에 이르기도 했어요.

♥ **지금의 어린이들에게 한글과 관련해서 해주고 싶은 말씀이 있으신가요?**

모국어란 그 나라 사람들의 얼과 혼이 깃들어 있는 문화유산입니다. 중국문화권에 속해 있던 조선이 한자 대신 우리말 한글을 만들었다는 것은 우리민족은 자존감이 아주 강하다는 의미입니다. 자존감은 스스로를 존중하는 마음이자 세상을 당당하게 바라볼 수 있는 힘이지요. 그런데 요즈음 언어 활동을 지켜보고 있자니 걱정이 많이 됩니다. 지나친 외래어 남용이나 그릇된 표현이 넘쳐나고 있어요. 심지어 모음과 자음이 어우러져 하나의 글자를 만든다는 한글의 원리조차 무시하고 있습니다. 물론 시대가 바뀌면 언어도 변해야하지요. 하지만 우리의 자존심이자 정신이 깃든 모국어를 망가뜨려서는 안되겠지요.

❖ 이 책을 쓰는 데 도움을 준 참고 도서들 ❖

《타임캡슐 세계역사》 웅진편집부 지음 / 웅진씽크빅 / 2006
《초등국어 개념사전》 김미숙 외 / 아울북 / 2008
《국화와 칼》 루스 베네딕트 지음, 박규태 옮김 / 문예출판사 / 2008
《나의 라임 오렌지나무》 J.M. 바스콘셀로스 지음, 박동원 옮김 / 동녘 / 2010
《초등공부 국어가 전부다》 금정금 지음 / 예문당 / 2012
《지구의 역사가 1년이라면》 데이비드 J. 스미스 지음, 황세림 옮김 / 푸른숲주니어/ 2015
《초등 5학년 글쓰기 실력을 키워라》 김정 지음 / 행복한 미래 / 2016
《플로팅 아일랜드》 김려령 지음 / 비룡소 / 2017
《통일: 통일을 꼭 해야할까?》 이종석, 송민성 지음 / 풀빛 / 2017
《교실 밖 글쓰기》 장선화 지음 / 스마트북스 / 2017
《그림으로 보는 인체》 마가렛 하인스 지음, 이주혜 옮김, 앤디 크리스프 그림 / 아이위즈 /2018
《산업혁명으로 세계사를 읽다》 김명자 / 까치 / 2019

공부머리 교과서 인문학
교과서가 쉬워지는 배경지식 읽기

초판 1쇄 발행 2020년 8월 30일
개정 1쇄 발행 2022년 1월 10일

지은이 | 장선화
펴낸이 | 박선영
디자인 · 일러스트 | 문수민
교정 · 교열 | 김수영
마케팅 | 이경희
인쇄제작 | 제이오

펴낸 곳 | 의미와 재미
출판신고 | 2019년 1월 30일 제2019-000034호
주소 | 서울특별시 서초구 방배천로 18길 11, 106-1704
전화 | 02-6015-8381   **팩스** | 02-6015-8380
이메일 | book@meannfun.com
홈페이지 | www.meannfun.com

ⓒ장선화, 2020

ISBN 979-11-969238-2-2(73030)

* 이 책은 저작권법에 따라 보호받는 저작물이므로 무단 전재와 무단 복제를 금하며, 이 책 내용의 전부 또는 일부를 이용하시려면 반드시 저작권자와 출판사의 서면 동의를 받아야 합니다.
* 이 도서의 국립중앙도서관 출판예정도서목록(CIP)은 서지정보유통지원시스템 홈페이지(http://seoji.nl.go.kr)와 국가자료공동목록시스템(http://www.nl.go.kr/kolisnet)에서 이용하실 수 있습니다.(CIP제어번호 : CIP2020031463)
* 책값은 뒤표지에 있습니다.
* 잘못된 책은 구입처에서 바꿔드립니다.
* 이 도서는 중소벤처기업부와 소상공인시장진흥공단에서 추진, 전담하고 서울인쇄정보산업협동조합에서 운영하는 서울을지로인쇄소공인특화지원센터의 우수출판 콘텐츠 제작 지원사업에서 지원받아 제작되었습니다.